케일리가 들려주는
도형의 이동 이야기

전현정 지음

NEW
수학자가 들려주는
수학 이야기
11

케일리가 들려주는
도형의 이동 이야기

㈜자음과모음

추천사

수학자라는 거인의 어깨 위에서
보다 멀리, 보다 넓게 바라보는
수학의 세계!

수학 교과서는 대개 '결과'로서의 수학을 연역적으로 제시하는 경향이 강하기 때문에 학생들은 수학이 끊임없이 진화해 왔다고 생각하기 어렵습니다. 그렇지만 수학의 역사는 하나의 문제가 등장하고 그에 대해 많은 수학자가 고심하고 이를 해결하는 가운데 새로운 아이디어가 출현해 온 역동적인 과정입니다.

〈NEW 수학자가 들려주는 수학 이야기〉는 수학 주제들의 발생 과정을 수학자들의 목소리를 통해 친근하게 이야기 형식으로 들려주기 때문에 학생들이 수학을 '과거 완료형'이 아닌 '현재 진행형'으로 인식하는 데 도움이 될 것입니다.

학생들이 수학을 어려워하는 요인 중의 하나는 '추상성'이 강한 수학적 사고의 특성과 '구체성'을 선호하는 학생의 사고 사이에 존재하는 간극이며, 이런 간극을 줄이기 위해서 수학의 추상성을 희석시키고 수학 개념과 원리의 설명에 구체성을 부여하는 것이 필요합니다.

〈NEW 수학자가 들려주는 수학 이야기〉는 수학 교과서의 내용을 생동감 있게 재구성함으로써 추상적인 수학을 구체성을 갖는 수학으로 변모시키고 있습니다. 또한 중간중간에 곁들여진 수학자들의 에피소드는 자칫 무료해지기 쉬운 수학 공부에 윤활유 역할을 해 줄 것입니다.

〈NEW 수학자가 들려주는 수학 이야기〉의 구성을 보면 우선 수학자의 업적을 개략적으로 소개하고, 6~9개의 강의를 통해 수학 내적 세계와 외적 세계, 교실 안과 밖을 넘나들며 수학 개념과 원리를 소개한 후 마지막으로 강의에서 다룬 내용을 정리합니다.

이런 책의 흐름을 따라 읽다 보면 각각의 도서가 다루고 있는 주제에 대한 전체적이고 통합적인 이해가 가능하도록 구성되어 있습니다. 〈NEW 수학자가 들려주는 수학 이야기〉는 학교 수학 교과 과정과 긴밀하게 맞물려 있으며, 전체 시리즈를 통해 학교 수학의 많은 내용들을 다룹니다. 따라서 〈NEW 수학자가 들려주는 수학 이야기〉를 학교 수학 공부와 병행하면서 읽는다면 교과서 내용의 소화 흡수를 도울 수 있는 효소 역할을 할 것입니다.

뉴턴이 'On the shoulders of giants'라는 표현을 썼던 것처럼, 수학자라는 거인의 어깨 위에서는 보다 멀리, 넓게 바라볼 수 있습니다. 학생들이 〈NEW 수학자가 들려주는 수학 이야기〉를 읽으면서 각 수학자의 어깨 위에서 보다 수월하게 수학의 세계를 내다보는 기회를 갖기를 바랍니다.

홍익대학교 수학교육과 교수 |《수학 콘서트》저자 박경미

책머리에

세상의 진리를 수학으로 꿰뚫어 보는 맛
그 맛을 경험시켜 주는 '도형의 이동' 이야기

　수학은 좌표가 도입되기 전에는 기하학 위주로 전개되었다고 해도 과언이 아닙니다. 기하학은 생활과 직접적으로 관련이 있다고 생각될 만큼, 우리의 주변은 다양한 기하학적인 도형과 그런 도형들의 성질로 둘러싸여 있기 때문일 것입니다. 또 기하학의 성질은 논리적이면서도 직관적인 사고를 향상시키는 데 많은 도움을 주는 수학의 한 분야이기도 합니다.

　기하학을 공부하는 데 있어서 도형을 다른 곳에 옮길 때 어떻게 이동시킬지에 관한 내용도 도형의 성질을 파악하는 일만큼 중요합니다. 모양을 확대하거나 축소해야 할지, 이동시키되 회전시킬지 대칭시킬지 등. 기하학을 좌표로 끌어와 다양하게 풀어내면서 기하학은 더 명확해졌고, 사람들이 이해하기 쉽고 소통하기 편한 수학적 언어로 표현되어 더욱 발전하게 되었습니다.

　《케일리가 들려주는 도형의 이동 이야기》는 이런 도형의 성질과 변형에 관한 이야기를 좌표로 끌어들여 서로 연결 짓는 내용을 공부합니다. 도형의 이동은 결국 함수의 기본이 되는 내용을, 도형을 도구로 삼아 수학적 직관력을 논리적으로 정리하는 데 도움을 주리라 기대됩니다.

　또한 수학을 공부하는 것은 단순히 식을 세우고 공식을 외우는 것이 아니라,

수학자들의 논리적인 사고방식에서 배울 수 있는 삶의 방식과 태도를 찾아내는 것이라고 생각합니다. 시간이 많이 지나면 결국 우리에게 남는 것은 공식 하나하나가 아니라 마음속으로 얻게 되는 삶을 살아가고 생각하는 태도에 관한 것이기 때문입니다. 주변을 세심하게 관찰하고 매순간 모든 것에 배울 점을 찾아 자신을 개발해 나갈 수 있는 힘이야말로, 모든 학문을 공부하는 참된 의미일 것입니다. 《케일리가 들려주는 도형의 이동 이야기》에는 그런 소소한 곳에서도 찾을 수 있는 배울 점을 함께 찾아 가며 주변을 둘러볼 수 있는 시야를 넓힐 수 있도록 하는 데도 도움을 줄 수 있을 것입니다.

  수학자와 수학사를 바라보는 시각과 태도를 올바르게 갖는 것이야말로, 진정으로 수학을 잘하고 즐길 수 있게 만드는 힘이 된다는 것을 몸소 느껴 보기를 기대해 봅니다.

전현정

차례

추천사   4
책머리에   6
100% 활용하기   10
케일리의 개념 체크   16

1교시
선대칭   27

2교시
좌표에서 직선에 대칭인 도형   41

3교시
점대칭   57

4교시
좌표에서 한 점에 대칭인 도형   71

5교시
평행이동   85

6교시
닮음 이동   101

7교시
회전이동   119

1 이 책은 달라요

《케일리가 들려주는 도형의 이동 이야기》는 도형의 이동과 관련된 내용을 일상생활에서 자연스럽게 찾으면서 이 내용들을 교과 과정과 연계하여 풀어 나갑니다. 일상생활뿐만 아니라 예술 작품이나 우리의 언어에 숨어 있는 수학적인 사실도 함께 관찰하며 좀 더 수학적인 내용을 몸소 체험할 수 있고 친근하게 만들어 줍니다.

놀이동산을 테마로 놀이기구 각각에서도 도형의 성질을 찾아내면서 서로의 생각과 의견을 존중해 주는 과정도 배우고, 수학자들이 수학의 소중한 개념을 발견하는 위대한 순간을 통해 창의력을 기르고 직관적 논리의 과정을 연습하게 됩니다.

초등학교 5학년 교과 과정과 중학교 1학년, 고등학교 1학년 학생들이 학교에서 배우는 내용을 좀 더 쉽고, 간단하게 접근해 나가기 때문에 그림으로 이해하며 어렵지 않게 읽어 내려갈 수 있습니다.

놀이동산에서 신나게 놀이기구를 타듯, 도형의 성질과 좌표에의 접목을 통해 직관적인 성질을 체계화시켜 나가는 과정을 차근차근 터득할 수 있는 좋은 기회가 될 수 있을 것입니다.

2 이런 점이 좋아요

이 책은 놀이동산에 가서 신나게 놀이기구를 타면서 하루를 즐겁게 놀고 오듯이, 따분하지 않고 마치 함께 놀이동산에 놀러 간 기분으로 수업을 듣게 됩니다. 함께 질문하고, 함께 생각하며 풀어 나가는 과정이 흥미진진합니다.

단지 놀이동산에서만 찾을 수 있는 도형의 이동에 관한 내용이 아니라, 사물을 바라보는 관점을 크게 만드는 과정을 함께 따라가기 때문에, 수학적인 내용을 공부하고 또 이를 체계적으로 정리하는 습관을 만들어 갈 수 있도록 도와줍니다.

3 교과 연계표

학년	단원(영역)	관련된 수업 주제 (관련된 교과 내용 또는 소단원명)
초 5	도형과 측정	합동과 대칭
중 1	변화와 관계	좌표평면과 그래프
고 1	도형의 방정식	직선의 방정식, 도형의 이동

4 수업 소개

1교시 선대칭

- **선행 학습** : 선대칭도형, 대응점, 대응변, 대응각, 선대칭의 위치에 있는 도형.
- **학습 방법** : 우리 주변에서 찾을 수 있는 여러 가지 선대칭도형과 선대칭의 위치에 있는 도형을 직접 찾아 가면서, 적용하려고 노력하면 좀 더 명확히 기억에 남습니다.

2교시 좌표에서 직선에 대칭인 도형

- **선행 학습** : x축 대칭, y축 대칭, 직선 $y=x$에 대한 대칭, 직선 $y=-x$에 대한 대칭.
- **학습 방법** : 좌표를 직접 그리고, 본인이 알고 있는 도형이나 함수의 식을 직접 그래프에 그려 보도록 합니다. 그런 다음, 여러 가지 직선

에 대해서 각각 대칭을 한 그림을 그려 보고, 방정식으로 표현 가능한 도형의 경우 식으로 나타냈을 때의 변화도 살펴보도록 합니다.

3교시 점대칭

- **선행 학습** : 점대칭도형, 대칭의 중심.
- **학습 방법** : 점대칭도형에 관한 내용을 충분히 습득한 후, 그리는 연습을 위한 질문에 스스로 그리면서 답해 보도록 합니다. 수업 마지막의 답안과 비교한 후 잘못된 점이 없는지 살펴보고 잘못 알고 있는 내용이 있다면, 정확히 고치도록 합니다. 친구들과도 서로 문제를 내서 만들어 보도록 하고, 재미있는 모양이 나오는지도 관찰해 봅시다.

4교시 좌표에서 한 점에 대칭인 도형

- **선행 학습** : 원점 대칭.
- **학습 방법** : 원점 대칭과 다른 임의의 점에 대한 대칭의 차이점을 정확히 이해하도록 하는 데 중점을 두고 공부합니다. 또 다섯 번째 수업의 평행이동을 공부한 후, 다른 임의의 점에 대한 대칭을 평행이동하여 원점 대칭을 활용하는 과정을 이해하도록 노력해 봅니다. 삼차 함수의 변곡점이 대칭의 중심이 됨을 좀 더 깊게 공부해 보고 싶은 학생들은 '미분' 단원을 공부하면 함수가 가지고 있는 성질을 더

많이 배울 수 있습니다.

5교시 평행이동

- 선행 학습 : 평행이동.
- 학습 방법 : 점의 평행이동과 도형의 방정식의 평행이동의 차이점에 대해서 정확히 이해하도록 합니다. 부호에 혼동되지 않도록 주의 깊게 관찰하고, 좌표축의 평행이동에 대해서도 자유자재로 활용할 수 있도록 고민해 보도록 합니다.

6교시 닮음 이동

- 선행 학습 : 닮음, 닮음 이동.
- 학습 방법 : 이 책에서는 일차변환에 관한 내용을 직접적으로 다루지는 않지만, 닮음 이동은 행렬의 일차변환의 한 종류이므로 행렬에 대해서도 공부한다면 더욱 좋습니다. 행렬은 다른 수학적인 부분에 대한 기초 지식과의 연계가 많지는 않으므로, 개념부터 차근차근 공부해 볼 만합니다. 고등학교 자연계 학생이라면, 일차변환의 내용을 충분히 알아 두도록 합니다.

7교시 회전이동

- 선행 학습 : 삼각비 $\sin\theta$, $\cos\theta$, $\tan\theta$, 사각형의 성질, 회전이동.

- **학습 방법** : 회전이동 또한 행렬의 일차변환의 한 종류입니다. 일차변환에서 가장 중요하다고 할 수 있는 것이 바로 회전이동이므로, 증명은 물론 활용에 대해서도 관심 있게 살펴볼 수 있습니다. 고등학교 자연계 학생들은, 이 회전이동에서 유도될 수 있는 삼각함수의 덧셈정리를 확인해 보도록 합니다.

케일리를 소개합니다

Arthur Cayley(1821~1895)

나는 행렬 연구로 양자역학에 기여한 수학자 케일리입니다.

나는 수학과 이론 역학, 수리 천문학뿐만 아니라 3차원 이상의 고차원 기하학을 연구의 대상으로 끌어내기도 했습니다.

따라서 사람들은 나의 가장 중요한 업적으로 n차원 기하학, 비유클리드 기하학, 행렬에 관한 연구 등을 꼽습니다.

평면에서 기하학을 연구한 사람이 유클리드라면, 나는 비유클리드 기하학, 즉 평면이 아닌 곡면에서의 기하학을 연구했습니다. 나의 오랜 벗 실베스터와 함께 연구한 불변식론 The Theory of Invariants은 후에 상대성 이론의 전개에 중요한 역할을 했죠.

또 행렬의 개념을 끌어내고 이를 연구했습니다. 이 행렬의 개념이 양자역학에서 없어서는 안 될 중요한 개념으로, 후에 물리학자 하이젠베르크가 전개한 양자역학의 기초가 되기도 했습니다.

여러분, 나는 케일리입니다

나는 행렬 연구로 양자역학에 기여한 수학자 케일리입니다. 수학을 좋아하고 혼자서 연구에 몰두하는 걸 좋아하긴 하지만, 항상 여건이 좋았던 것은 아니었어요.

영국에서 태어났지만 여덟 살까지 러시아에서 유년기를 보내고, 다시 영국으로 돌아와 런던 근교에 정착을 했어요. 케임브리지 대학에 입학해서 학부 시절에 《케임브리지 수학 저널》에 세 편의 논문이 실리기도 했는데, 교수님이 실력을 인정해 주셔서 특별히 혼자 연구에만 몰두할 수 있게 배려해 주시기도 했습니다. 대학 시절까지는 그래도 제가 하고 싶고, 또 제가 좋아하는 일을 하면서 행복한 시간을 보냈어요.

하지만 졸업 무렵에는 안타깝게도 수학과 관련된 일자리를 얻지 못해서, 다시 법학을 전공한 후 14년간이나 법률가로 일을 했답니다. 법률 분야에서도 능력을 인정받고 오랫동안 일했지만, 내 마음속에는 항상 수학에 대한 갈증이 있었답니다. 저에게 있어서 변호사 일을 하는 것은 단지 수학 공부를 위해 돈을 버는 수단이었고, 변호사 일을 하면서도 여가 시간에는 수학 논문을 쓰는 데 열중했어요. 그렇게 여가를 이용해서 14년간 250여 편의 수학 논문을 쓰면서 한순간도 수학을 놓지 않았습니다. 네, 맞아요. 변호사 일을 하고는 있었지만, 가장 중심이 되는 것은 수학이었어요. 수학 연구에 방해되지 않을 정도로만 항상 법률 공부와 변호사 일을 한 셈이죠.

간절히 원하면 이루어지나 봅니다. 그렇게 틈을 내서 수학 연구를 하면서 변호사 일을 병행하던 중, 1863년에 드디어 케임브리지 대학에 새로 개설된 순수 수학 교수로 들어갈 수 있었습니다. 변호사의 수입과는 정말 비교도 안 될 만한 보수였지만, 수학에만 전념할 수 있다는 것은 제게는 무엇과도 바꿀 수 없는 아주 중요한 기회였지요.

변호사 일이 마냥 돈벌이만은 아니었나 봅니다. 논문을 쓸 때도 변호사의 기질은 조금씩 좋은 영향으로 남아서, 논문이 엄격하고 조직적이며 명확하다는 얘기를 많이 들었으니까요. 또 대단히 침착하고 점잖다는 말을 들으며, '수학자 중의 수학자'로 불리기도 한답니다.

사람들이 저를 보기에 그저 수학에만 관심 있을 뿐 다른 것은 아무것도 할 줄 모르고 하지도 않는다고 생각할지 모르지만, 그건 오해입니다. 나는 여가를 즐길 줄 아는 사람입니다. 제가 좋아하는 일은 수학이든 다른 일이든 항상 열심히 했으니까요.

나는 소설을 정말 좋아합니다. 그래서 여행 중이거나 회의가 시작되기 전에 잠깐 시간이 날 때면 항상 소설을 읽습니다. 너무나 소설을 좋아하는 나머지 영어로 쓰인 것뿐만 아니라, 독일어, 이탈리아어, 프랑스어, 그리스어 등 다른 언어로 쓰인 소설까지 수천 권의 소설을 읽었답니다. 소설을 읽다 보니, 다른 분야에도 관심이 많아져서 식물학이나 자연에 관한 공부도 했답니다. 아마 식물학은 등산을 많이 다니다 보니 더 관심이 갔나 봅니다. 앉아서 공부만 하는 따분한 사람 아닌가 싶겠지만, 이래 봬도 영국 전통의 아마추어 등산가이기도 합니다. 등반을 하기 위해 대륙으로 자주 여행을 다닐 정도였으니 말입니다.

네, 맞아요. 그렇게 등산하러 대륙으로 여행을 갈 때 소설을 읽는 거죠. 저한테 주어진 시간을 최대한 잘 활용하는 게 제 생활 습관이고 신념이기도 합니다. 등산은 참 매력이 있어요. 사람들이 가끔 그러잖아요, 내려올 거면서 왜 오르냐고. 올라갈 때 너무나도 힘들고 지치지만 정상을 오를 때의 그 기쁨은 이루 말할 수가 없어요. 마치 수학과 같다는 느낌을 항상 받아요. 어려운 수학 문제를 푸는 과정이나 복잡한 수학 이론을 완성하기 위해 연구할 때는 머리가 너무나 복잡하고 힘들고 지치지만, 답이 나오고 깔끔하게 수학 이론이 정리되어 완성되면 정말 그 상쾌한 기분은 겪어 보지 못한 사람은 알 수가 없죠.

매 순간 충실하게 제가 좋아하는 일을 하다 보니, 현대 수학의 거의 모든 분야를 섭렵할 정도의 논문을 쓰게 되더군요. 수학과 이론 역학, 수리 천문학뿐만 아니라 3차원 이상의 고차원의 기하학을 연구의 대상으로 끌어내기도 했습니다. 그래서 사람들은 나의 가장 중요한 업적으로 n차원 기하학, 비유클리드 기하학, 행렬에 관한 연구 등을 꼽습니다.

평면에서 기하학을 연구한 사람이 유클리드라면, 저는 비유클리드 기하학, 즉 평면이 아닌 곡면에서의 기하학을 연구했습니다. 평면이 아니라 곡면이라면 어떤 기하학적 성질을 말할 수 있을지에 관한 내용이라고 생각하면 됩니다. 나의 오랜 벗 실베스터와 함께 연구한 불변식론The Theory of Invariants은 후에 상대성 이론의 전개에 중요한 역할을 했죠. 또 행렬의 개념을 끌어내고 이를 연구하였는데, 행렬이 과학에도 중요한 역할을 하더군요. 이 행렬의 개념이 양자역학에서 없어서는 안 될 중요한 개념으로, 후에 물리학자 하이젠베르크가 전개한 양자역학의 기초가 되기도 했습니다. 내가 연구한 수학적 내용이 많은 과학자들에게도 유용하게 쓰였다니 참으로 기분 좋은 일입니다.

   사람들이 순수 학문, 순수 과학이 중요하다고 합니다. 하지만 실제로는 눈에 잘 보이지 않고, 피부에 와닿을 만큼 친근하지 않다고 해서 멀리하는 경향이 있어요. 과학의 어떤 이론이나 법칙들을 궁금해하거나 우리 생활에 유용하게 쓰인다는 이유로 굉장히 신기해하며 중요하다고 생각하기도 하죠. 하지만 결국 우리에게 이러한 편리함과 명확한 것을 이룰 수 있게 하는 것은, 기초가 되는 학문이 있게 마련이고, 그 기초가 되는 학문을 우리는 순수 학문이라고 하는데 수학이 그중 하나입니다.

딱딱하고 실생활과는 너무나도 동떨어졌다고 흔히 오해하는 이 수학이란 녀석을, 과연 정말 그런 건지 여러분과 수업을 하면서 살펴보려고 해요. 의외로 수학은 우리 가까이에 있고, 관심을 조금만 가져 준다면 금방 친해질 수 있을 겁니다. 때로는 산을 정복했을 때의 그 기쁨을 여러분의 책상에서도 느낄 수 있다는 것을 명심하세요.

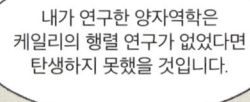

케일리의 개념 체크

선대칭

1교시

선대칭도형의 뜻과 성질을 이해합니다.

수업 목표

1. 선대칭도형의 뜻을 알 수 있습니다.
2. 선대칭도형의 성질을 이해하고 그릴 수 있습니다.

미리 알면 좋아요

1. **선대칭도형** 어떤 직선으로 접어서 완전히 겹쳐지는 도형을 선대칭도형이라고 합니다. 그리고 그 직선을 대칭축이라고 합니다.

2. **대응점, 대응변, 대응각** 선대칭도형을 대칭축으로 접었을 때, 겹쳐지는 점을 대응점, 겹쳐지는 변을 대응변, 겹쳐지는 각을 대응각이라 합니다.

3. **선대칭의 위치에 있는 도형** 두 도형이 대칭축을 중심으로 접어서 완전히 포개질 때, 두 도형을 대칭축에 대하여 선대칭의 위치에 있다고 합니다.

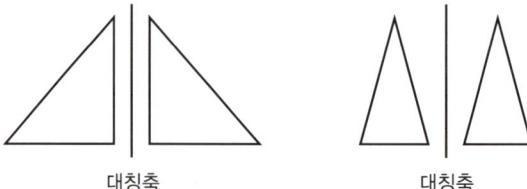

대칭축   대칭축

케일리의 첫 번째 수업

여러분, 안녕하세요. 나는 케일리입니다. 이렇게 좋은 날씨엔 누군가가 자꾸 우리를 부르는 소리가 들리지 않나요? 나비와 들판의 꽃 등. 이런, 눈치채셨나요? 교실에만 있기엔 몸이 근질근질하고, 게다가 우리 옆에 친근하게 숨어 있는 수학이란 녀석을 좀 더 가까이 만나 보고 싶은 마음이 간절해서 이야기를 꺼내 봤어요. 같이 동참하실 거죠?

하지만 야외 수업을 떠나기 전에 준비물을 좀 챙겨 봅시다. 놀이동산에 가려고 해요. 많이 걸어 다녀야 할 테니 편한 복장에 편한 신발을 신고, 땀이나 물을 닦을 손수건도 준비하세요. 아마존 익스프레스나 워터 슬라이드에서 물벼락을 맞을지도 몰라요.

나는 워터 슬라이드를 좋아하니까, 물벼락을 맞지 않기 위해서 다음과 같은 모양이 그려진 손수건을 준비했어요.

반으로 접었던 선이 세로로 살짝 보이네요. 제일 먼저 접어서 그런지 선이 제일 선명한 편이죠. 접어서 다니다 보니 몰랐는데, 이렇게 완전히 펴서 보니, 문양이 참 신비롭지 않나요? 접었던 선을 중심으로 왼쪽과 오른쪽 모양이 쌍둥이 같아요. 조심스레 접었다 폈다를 해 보세요. 모양이 완전히 일치합니다!

이 멋진 일을 하고 있는 굵은 선에게 이름을 지어 줍시다. 왼쪽과 오른쪽을 대칭되게 하는 하나의 축직선이므로 대칭축이라고 이름 붙이면 되겠네요. 그리고 이렇게 아름다운 모양에겐 어떤 선에 대해 대칭이므로 선대칭도형이라고 합시다. 이 선대칭도형에 대해 더 관찰해 볼까요?

케일리의 첫 번째 수업

이 모양은 정말 멋집니다. 가로, 세로 2개의 대칭축을 가지고 있네요. 이 녀석처럼 선대칭도형이 모두 대칭축을 2개 가지고 있는 것은 아니랍니다. 다른 도형과 더 비교해 보기 위해 우리가 알고 있는, 친숙한 도형인 삼각형과 사각형들을 모아 놓고 볼까요? 먼저 몇 가지 특수한 꼴의 삼각형을 살펴봅시다.

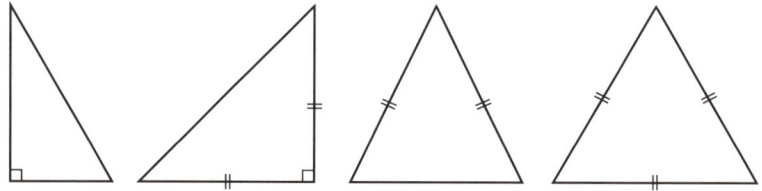

> **Tip 삼각형의 종류**
>
> ① 직각삼각형 : 한 내각의 크기가 90°인 삼각형
>
> ② 이등변삼각형 : 두 변의 길이가 같은 삼각형
>
> ③ 직각이등변삼각형 : 두 변의 길이가 같으면서, 한 내각의 크기가 90°인 삼각형
>
> ④ 정삼각형 : 세 변의 길이, 세 내각의 크기가 모두 같은 삼각형

이등변이 아닌 일반적인 직각삼각형은 참 쓰임새가 많은 도형이지만, 안타깝게도 대칭은 아니네요. 왜 안타까워하냐고요?

직각삼각형은 좌표축에서 대단한 걸 가능하게 해 준 도형이에요. 입이 근질근질하지만, 좌표에 대한 이야기는 다음 시간에 좀 더 들려줄게요.

직각이등변삼각형이라면 가장 긴 변의 중점과 직각이 되는 점을 이어서 만든 직선을 대칭축으로 할 수 있겠네요. 이등변삼각형도 마찬가지로 같은 각을 양쪽 사이에 두고, 대칭축을 하나 만들 수 있어요. 정삼각형에서는 각 꼭짓점에서 마주 보는 변의 중점을 이으면 대칭축이 만들어 질 수 있네요. 그래서 3개를 찾아냈어요. 그럼 이제 여러분이 사각형에서도 대칭축을 찾아낼 수 있겠죠? 자, 사각형 모양 공개합니다. 대칭축을 찾아보세요. 그 선으로 접었을 때 완전히 모양이 포개져야 한다는 거 잊지 마세요. 정답은 첫 번째 수업 정리에서 공개합니다.

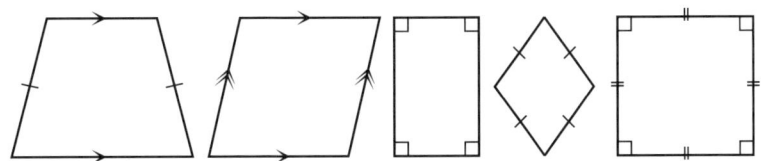

대칭축이 마치 양쪽 부분의 중간에서 심판을 보고 있는 것 같지 않으세요? 동등한 위치에 있는 것들을 서로 인사시켜 주기

도 하고, 다음 그림에서와 같이 선대칭도형을 대칭축으로 접었을 때, 서로 겹쳐지는 점, 변, 각이 서로 대응하고 있다는 의미에서 자연스럽게 대응점, 대응변, 대응각이라고 이름을 붙여 보는 것도 괜찮겠죠? 이렇게 우리는 하나씩 도형의 요소에 이름을 붙인답니다. 김춘수의 〈꽃〉이라는 시에서처럼 '이름'을 붙이는 건 굉장히 의미 있는 일이 된다는 점을 기억하세요.

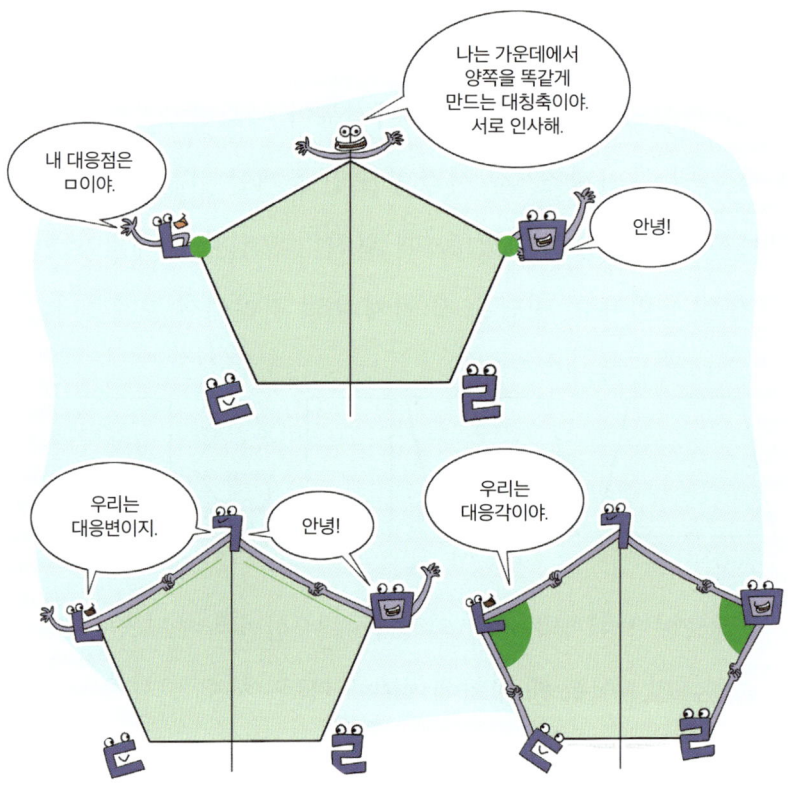

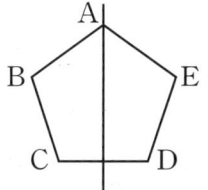

점 B의 대응점 : 점 E
변 AB의 대응변 : 변 AE
각 ABC의 대응각 : 각 AED

이렇게 오각형의 대칭축을 찾아보면서 접었다 폈다 하다 보니, 우리가 미술 시간에 했던 데칼코마니가 생각나는 학생 있었죠? 맞아요. 데칼코마니는 선대칭의 성질과 우연의 효과를 잘 활용한 기법이에요.

데칼코마니는 초현실주의 회화 기법의 하나로, 오스카르 도밍게스라는 화가에 의해 처음 발명되었어요. 원래 데칼코마니는 종이에 물감을 칠하고 거기에 다른 종이를 댄 다음 위에서 눌렀다 떼면 여러 가지 기괴한 형태의 무늬가 생겨나는데, 이러한 우연의 흥미로움을 존중하는 기법이라고 할 수 있어요. 막스 에른스트가 대표적인 화가이고, 〈비 온 뒤의 유럽〉이라는 작품이 있답니다. 우연의 기법으로 만들어 낸 것이라고 믿기엔 너무 어려울 정도로 너무 멋지다는 생각이 들긴 하지만요.

데칼코마니의 기법을 조금 간단하게 활용하면 우리는 하나의 모양으로 쌍둥이를 대칭축 건너편에 만들 수 있게 되는 겁니다.

데칼코마니

우선 대칭축을 만들어야 하니까 가운데를 한 번 접었다 펴고, 한쪽에 물감을 이용하여 그림을 그려요. 다른 쪽 면에 물감이 찍혀야 하니까, 물감이 마르지 않게 조금 걸쭉한 상태로 해야겠죠? 완성된 그림을 미리 예측하고 조금 신경 써서 그려 보세요. 물론, 온전히 우연에 다 맡기듯 붓 가는 대로 자유롭게 그려도 된답니다. 다 그렸으면 대칭축을 경계로 하여 접어서 꾹꾹 누르세요. 마음에 드는 만큼 누른 후에 펼쳐 보세요! 어때요? 우연의 기법이 의외로 안정된 느낌의 작품을 만들어 냈죠?

앞에서 관찰했던 손수건 모양, 삼각형이나 사각형처럼 어떤 한 도형에서 대칭축이 있는 선대칭도형이 아니라, 이렇게 데칼코마니처럼 대칭축을 중심으로 양쪽에 두 도형이 대칭된 위치에 있을 때, 이런 두 도형을 선대칭의 위치에 있다라고 합니다.

생각해 보니 데칼코마니는 상당히 간단하게 선대칭의 위치에 있는 도형을 만들어 내는 방법이 되는군요. 그럼 우리는 좀 더 세밀하게 선대칭의 위치에 있는 도형을 그려 볼까요? 예를 들면, 컴퍼스와 자를 이용해서 대응점을 찾을 수 있는지에 대해서 생각해 보는 것도 좋아요. 조금 어렵나요? 그럼 우선 선대칭의 위치에 있는 도형에서 우리가 찾을 수 있는 규칙을 먼저 살펴보도록 해요.

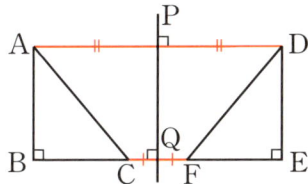

① 직선 PQ로 접으면 두 삼각형은 완전히 겹쳐지므로, 직선 PQ는 대칭축입니다.

② 선분 AD과 선분 CF은 직선 PQ와 수직으로 만나고, 서로 같은 길이로 나누어집니다. (선분 PQ는 $\overline{AD}, \overline{CF}$의 각각을 수직이등분합니다.)

③ (선분 AP의 길이)＝(선분 DP의 길이)

  (각 APQ의 크기)＝(각 DPQ의 크기)＝90°

(선분 CQ의 길이)=(선분 FQ의 길이)

(각 CQP의 크기)=(각 FQP의 크기)=90°

결국 선대칭의 위치에 있는 도형에서 대응점끼리 이은 선분은 대칭축과 '수직❶'으로 만나고 있죠. 게다가 대칭축이 정확하게 둘을 절반으로 나누어 주고 있다는 중요한 성질을 알게 되었네요.

> **메모장**
> ❶ 수직 두 직선이 교차하여 생기는 각이 직각_{90°}일 때 두 직선을 수직이라고 한다.

우리가 수업을 하는 동안, 멀리 나비가 먼저 놀이공원으로 날아가고 있어요. 나비의 양쪽 날개가, 혹시 아까 우리가 만들었던 데칼코마니에서 나타난 무늬처럼 보이진 않나요? 우리의 신나는 수업을 추억할 수 있도록 사진기도 꼭 준비하고, 우리도 떠날 채비를 해 봅시다.

수업 정리

❶ 선대칭도형의 성질

선대칭도형에서 대응점을 연결한 선분은 그 대칭축과 직각으로 만나고, 대칭축에 의해 나누어진 길이가 서로 같습니다.

❷ 선대칭의 위치에 있는 도형의 성질

선대칭의 위치에 있는 두 도형에서 대응점을 연결한 선분은 그 대칭축과 수직으로 만나고, 대칭축에 의해 나누어진 길이가 서로 같습니다.

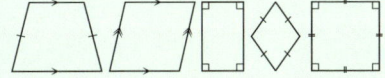

[정답]
등변사다리꼴 1개, 평행사변형 0개, 직사각형 2개, 마름모 2개, 정사각형 4개

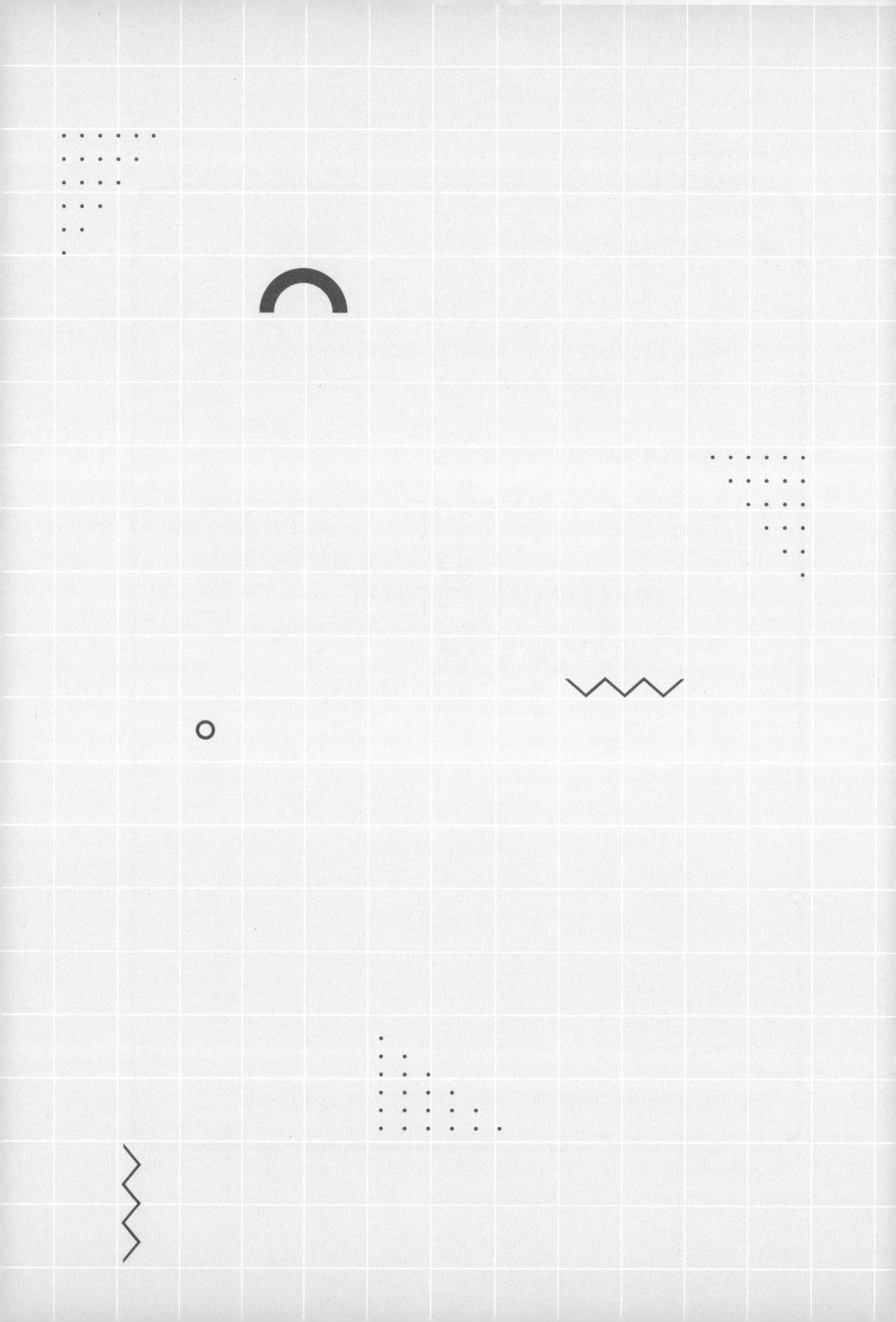

2교시

좌표에서 직선에 대칭인 도형

좌표에서 직선에 대칭인 도형을
선대칭의 개념에 적용시켜 봅니다.

수업 목표

1. 좌표에서 x축, y축, 직선 $y=x$에 대한 선대칭의 개념을 적용시킬 수 있습니다.
2. 좌표평면에서 선대칭인 도형의 방정식을 구할 수 있습니다.

미리 알면 좋아요

1. **x축 대칭** 좌표평면에서 x축을 기준으로 양쪽의 모양이 대칭일 때, 이 도형을 x축 대칭이라고 합니다.

2. **y축 대칭** 좌표평면에서 y축을 기준으로 양쪽의 모양이 대칭일 때, 이 도형을 y축 대칭이라고 합니다.

3. **직선 $y=x$에 대한 대칭** 좌표평면에서 직선 $y=x$를 기준으로 양쪽의 모양이 대칭일 때, 이 도형을 직선 $y=x$에 대한 대칭이라고 합니다.

4. **직선 $y=-x$에 대한 대칭** 좌표평면에서 직선 $y=-x$를 기준으로 양쪽의 모양이 대칭일 때, 이 도형을 직선 $y=x$에 대한 대칭이라고 합니다.

케일리의
두 번째 수업

"선생님, 질문 있어요! 좌표에 대해서 말씀해 주신다고 하셨는데, 언제 들려주시는 건가요?"

역시 하나하나 놓치지 않고 설명을 듣고 있던 우리의 왕궁금도사 팰린드롬이 선생님이 약속한 걸 놓치지 않고 질문하네요. 놀이동산으로 막 달려가고픈 마음보다 더 근질거리는 것 같은 걸요. 그래요, 우리 떠나기 전에 잠시 좌표라는 것에 대해 생각해 보고, 지난 시간에 배운 내용이 어떻게 좌표에서 표현될 수 있는지 알아보도록 합시다.

좌표를 쓸 생각을 한 사람은 데카르트인데요, 침대에 누워 있는데 파리가 돌아다니지 뭡니까! 우리 같으면 '저 귀찮은 파리 녀석, 언제 들어온 거야?' 하며 파리채부터 잡았겠죠. 하지만 데카르트는 천장에 붙어 있던 파리를 보며 '저 파리의 위치를 어떻게 쉽게 나타낼 수 있을까?'라고 생각했지요. 아, 저쪽 모서리에서 이만큼, 위쪽으로는 저만큼. 이렇게 중심을 하나 정하고 위치를 표현한다고 생각하게 됐고, 이게 바로 좌표가 탄생하게 된 계기가 되었죠. 이 좌표는 아주 단순한 생각에서 태어났지만, 중요한 것을 탄생시키는 발판이 되기도 했답니다. 좌표가 더 궁금하다면《데카르트가 들려주는 좌표 이야기》를 참고하세요.

자, 그럼 우리는 이 좌표에서 대칭을 생각해 볼게요.

좌표평면에서는 축이 2개가 있죠. x축과 y축. 이러한 축이라고 불리는 것도 하나의 직선으로 생각해 볼 수 있기 때문에, 우리가 첫 번째 시간에서 알아본 대칭축이 될 수 있답니다.

우선 점을 대칭시켜 볼까요?

$(3, 2)$를 x축 대칭시키면 어떻게 될까요? x축 대칭이라는 것은 $(3, 2)$를 x축을 거울 삼아 반대편에 점을 찍는다는 의미겠죠.

벌써 알아냈나요? 네, $(3, -2)$가 됩니다. 선대칭의 위치에 있는 도형은 대칭축을 중심으로 접어서 완전히 포개진다고 했던 것 기억나나요? 바로 $(3, -2)$는 x축을 대칭축으로 해서 $(3, 2)$와 포개질 수 있습니다. 두 점을 이으면, x축과 수직이 되고, 두 점 모두 x축까지의 거리가 같답니다. y축 대칭도 마찬가지로 하면 $(3, 2)$는 $(-3, 2)$와 y축 대칭인 점이 됩니다. 그럼 규칙도 발견했나요? (a, b)로 나타내어진 점도 x축, y축에 대칭시킬 수 있겠죠? 차근차근 몇 개의 예를 더 연습한 다음 일반화시켜 보세요. 수학에서 쓰이는 공식은 갑자기 뚝딱 나오진 않아요. 여러 가지 현상에서 관찰하고 추측하고 증명을 통해서 일반화되고 규칙화해서 공식이나 이론이 되는 것이랍니다. 누구나 수학에서 쓰이는 '공식'이나 '정리'를 만들 수 있어요. 여러분도 하나씩 만들어 보려고 노력해 보세요. 그리고 자신의 이름을 붙여서 널리 알리도록 합시다. '왕궁금이의 공식', '아리의 공식', '튼튼이의 정리' 등등. 자, 선생님이 시간 끌어 준 동안에 벌써 (a, b)를 x축, y축에 대칭시킨 점을 구했어요? x축 대칭점은 $(a, -b)$, y축 대칭점은 $(-a, b)$로 나타납니다. 즉, x축 대칭점은 뒤의 부호를, y축 대칭점은 앞의 부호를 바꾸기만 하면 된답니다.

x축 대칭은 x축을 중심으로 반을 접는 거예요.

y축 대칭은 y축을 중심으로 포개면 똑같은 위치에 점이 있어요.

x축 대칭점은 뒤의 부호를, y축 대칭점은 앞의 부호를 바꾸기만 하면 간단합니다.

$$x \Rightarrow (a, b) \longrightarrow (a, -b)$$
$$y \Rightarrow (a, b) \longrightarrow (-a, b)$$

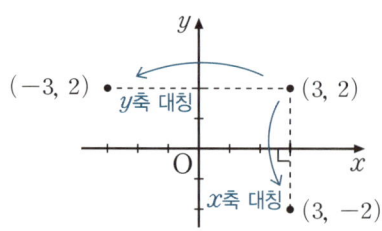

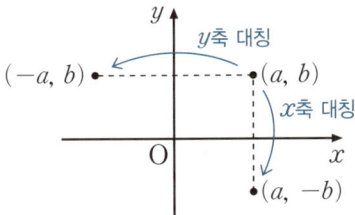

이제 우리 좀 더 대칭축을 다양하게 만들어 봅시다. 좌표평면이라고 해서 항상 대칭축이 x축이거나 y축일 필요는 없습니다. 약간 축에서 기울어진 모양을 생각해 볼 수 있고, 이런 기울어진 것을 우리는 직선이라고 부르는데, 가장 멋진 직선은 $y=x$가 아닐까 싶은데요. x와 y가 동등하게 같게 되는 점을 이어 놓은 직선입니다. 더군다나 직선 $y=x$는 '함수' 단원에서 너무나도 중요한 역할을 하는 멋진 직선입니다.

그럼 $(3, 2)$를 멋진 녀석한테 맡겨 볼까요!

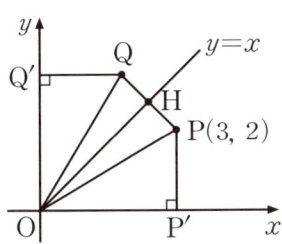

앞의 그림에서 보는 바와 같이 P(3, 2)가 $y=x$에 대칭이려면, 마찬가지로 대칭시킨 점 Q와 P(3, 2)를 이은 직선이 대칭축이 되는 직선 $y=x$에 대해 수직이어야 합니다. 또한 P, Q에서 각각 $y=x$에 이르는 거리가 같아야 하고요. 직선 PQ가 $y=x$와 만나는 점을 H라고 하면, 삼각형 OPH와 삼각형 OQH는 합동이 됩니다. 즉, 모양과 크기가 같죠. 따라서 두 점에서 원점까지의 이르는 거리가 같아요. $\overline{OP}=\overline{OQ}$인 셈이죠. 또 점 P에서 x축에 수직으로 내린 점을 P′이라고 하고, 점 Q에서 y축에 수직으로 내린 점을 Q′이라고 하면, 삼각형 OPP′과 삼각형 OQQ′은 또다시 합동이 됩니다. 이제 Q점의 좌표를 알아냈나요? 네, 맞아요. (2, 3)이 됩니다. 일반적으로 점 (a, b)를 직선 $y=x$에 대해 대칭이동을 하면 (b, a)가 됩니다. 두 숫자를 간단하게 바꾸기만 하면 바로 직선 $y=x$에 대해 대칭인 점을 찾을 수 있어요. 정말 멋진 직선 맞죠!

　직선 $y=x$와 닮은 듯하지만, 조금 다른 직선 $y=-x$가 있어요. 이 직선에 대한 대칭도 마찬가지죠. 직선 $y=-x$는 우리가 지금까지 한 과정을 하나로 통합시켰다고 생각하면 됩니다. 자리도 바꾸고, 둘 다 부호도 바꾸고. 이걸 '자바부바(자리 바꾸고, 부호 바꾸고) 공식'이라고 이름 붙이죠. 자신만의 공식은 이렇게 간단하게도 만들 수 있답니다.

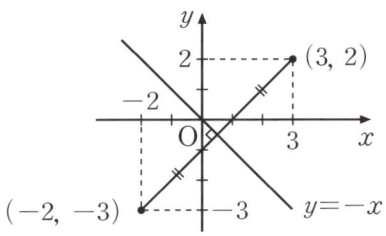

점 하나만 대칭시키니까 시시한가요? 점이 모여서 직선도 만들고 곡선도 만들어서 도형을 만들 수 있듯, 우리는 이제 점 하나만 대칭이동시킬 수 있는게 아니라 도형도 좌표에서 간단히 이동시킬 수 있게 됐어요. 예를 들어, 점이 모여서 된 포물선 모양이 있다고 생각해 봅시다. 포물선을 직선 $y=x$에 대칭시키면 어떤 모양이 나오는지 그려지나요? 직선을 축으로 좌우대칭이라는 것을 명심하세요. 그럼 도형을 나타내는 방정식 $y=f(x)$가 있다면, 이것도 대칭이 가능하겠죠. 조금 전에 직선 $y=x$에 대한 대칭은 어떻게 만들어진다고 했었나요? 좌표에서 자리만 바꾸면 된다고 했었죠. 방정식에서도 마찬가지예요. 하나의 점에서만 적용이 되는 게 아니라, 일반화시킨 식에서도 충분히 가능하답니다. $y=f(x)$에서 우리는 일반적인 점 (x, y)를 만날 수 있어요. 이를 직선 $y=x$에 대해 대칭시키면 (y, x)라고 나타난다고 했죠? 따라서 방정식에서도 x와 y가 바뀐 표현인 $x=f(y)$가 된답니다. 그래프에서도 방정식에서도 의외로 동일하고 간단한 규칙이 쓰인다는 점을 기억하세요.

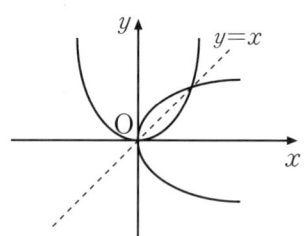

좌표에 대해 많이 궁금했던 점이 이젠 좀 풀렸나요? 팰린드

론, 어때요?

"음……. 선생님, 궁금했던 점은 풀렸어요. 제가 생각해도 x축, y축, 직선 $y=x$, 직선 $y=-x$에 대한 대칭은 참 간단하면서도 멋진 그래프가 나타나는 것 같아요. 그런데 갑자기 걱정이 생겼어요. 이런 멋진 직선을 대칭축으로 하지 않고, 직선의 방정식이 마구 복잡해지면 대칭시킬 수 없는 건가요?"

팰린드롬의 걱정과 질문은 당연하면서도 나를 기분 좋게 해요. 예를 들어, 직선의 식이 $y=x+5$ 등의 형태로 나타날 때 이를 어떻게 감당해야 할지 궁금하다는 거죠? 대칭축이 복잡해지더라도 우리는 절대로 변하지 않는 사실은 꼭 챙겨야 해요. 바로 첫 번째, 대칭 전후의 두 점은 대칭축에 이르는 거리가 같다는 점이에요. 즉, 두 점의 중점은 당연히 직선 위에 있겠죠. 두 번째, 대칭 전후의 두 점을 이은 직선은 대칭축에 수직이라는 것입니다.

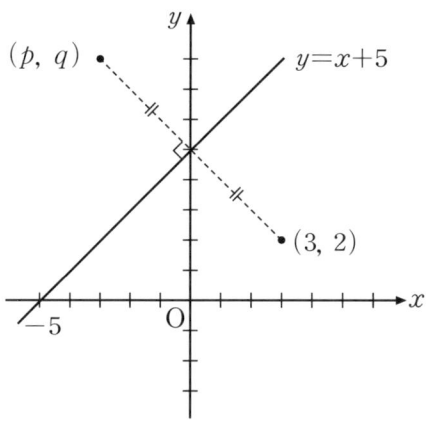

우리 이번엔 $(3, 2)$를 직접 $y=x+5$에 대칭시켜 봅시다. 이미 대칭한 점을 알고 있다고 가정하고 이를 (p, q)라고 해요. 첫 번째 조건에서 중점이 직선 위에 있다고 했으므로, 중점인

$\left(\dfrac{3+p}{2}, \dfrac{2+q}{2}\right)$를 직선에 대입해서 정리한, $p-q=-11$을 얻을 수 있습니다. 또 두 번째 조건에서 두 점을 이은 직선은 $y=x+5$과 수직이므로, 두 직선의 기울기의 곱이 -1이면 됩니다. 따라서 $\dfrac{q-2}{p-3}\times 1=-1$이므로, $p+q=5$라는 방정식을 얻게 됩니다. 두 방정식을 연립하면, $p=-3, q=8$이 되므로, $(-3, 8)$이 바로 대칭이동된 점이 되겠죠.

따라서 대칭축이 되는 직선의 식이 달라지더라도 항상 두 가지 조건을 기억하고, 대칭이동한 점을 임의의 문자로 표현한 다음, 두 가지 조건에서 방정식을 각각 유도하여 연립하면 대칭점을 구할 수 있겠죠. 꼭 기억하세요. 대칭 전과 후의 두 점의 중점이 직선의 식을 만족하고, 두 점을 잇는 직선은 대칭축과 수직이라는 점을 말이에요.

"선생님, 우리 놀이공원에 가야 하는 거 아닌가요?"

아이쿠, 팰린드롬. 이젠 궁금한 거 다 해결됐다 이거죠? 마음이 벌써 출발을 했군요. 너무 서둘지는 말고, 이 좋은 날씨를 느끼며 가 봅시다.

수업정리

❶ x축, y축에 대한 대칭은 간단하게 부호를 바꾸는 것만으로도 해결이 됩니다. 또한 직선 $y=x$, 직선 $y=-x$에 대한 대칭도 가능합니다.

$y=f(x)$도형을 x축 대칭하면 $y=-f(x)$, y축 대칭하면 $y=f(-x)$, 직선 $y=x$에 대해 대칭하면 $x=f(y)$, 직선 $y=-x$에 대해 대칭하면 $-x=f(-y)$입니다.

❷ 일반적인 직선 $ax+by+c=0$에 대한 대칭도 기본적이고 핵심이 되는 내용만 알면 됩니다.

즉, 대칭하기 전의 점 $P(x,y)$와 대칭이동된 점 $P'(x',y')$의 중점이 대칭축 위에 존재하고, 두 점 P, P'을 연결하는 직선이 대칭축이 되는 직선과 수직이라는 것입니다.

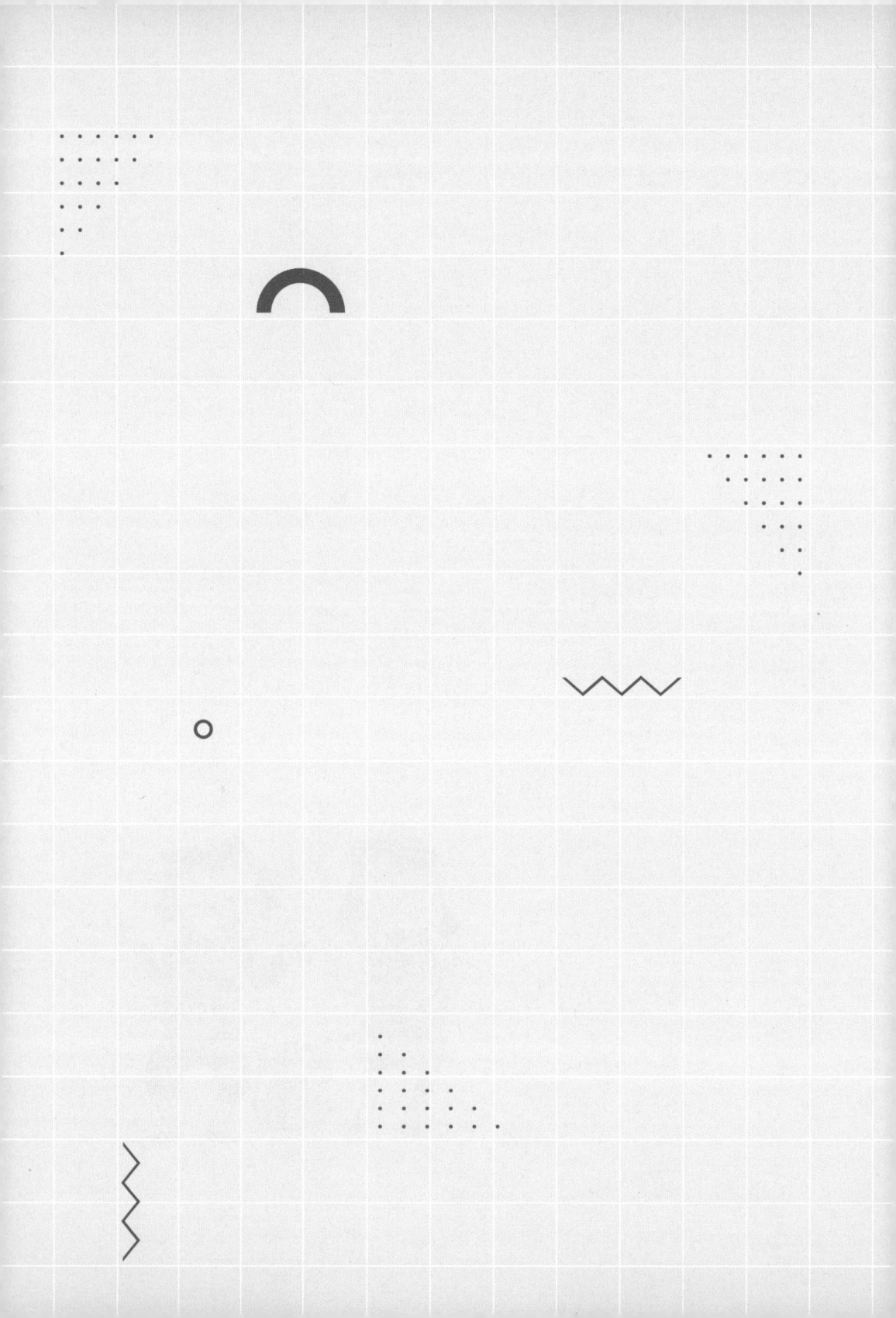

3교시

점대칭

점대칭도형의 뜻과 성질을 이해하고 그려 봅니다.

수업 목표

1. 점대칭도형의 뜻을 알 수 있습니다.
2. 점대칭도형의 성질을 이해하고 그릴 수 있습니다.

미리 알면 좋아요

1. **점대칭도형** 한 점을 중심으로 180° 돌렸을 때, 처음 도형과 완전히 겹쳐지는 도형을 점대칭도형이라고 합니다.

2. **대칭의 중심** 점대칭도형에서 대응점끼리 이은 선분들이 만나는 한 점을 대칭의 중심이라고 합니다.

케일리의
세 번째 수업

 와우! 예상보다 훨씬 기분이 좋은걸요. 놀이동산의 이 북적거림이 활기차게 느껴지지 않나요? 마음이 너무 들떠 있어서 그런지 목소리 톤도 함께 올라가네요.
 여기 놀이동산은 참 경치가 좋아요. 아, 그러고 보니 경치를 일단 구경해 보는 건 어떨까요? 높은 곳에서 내려다 보기엔 역시 대관람차만 한 게 없죠. 어딜 가나 대관람차는 참으로 찾기 쉽다는 장점이 있어요. 대관람차를 타면 멀리까지 볼 수 있고,

반대로 멀리서도 대관람차를 발견하기 쉽고. 대관람차는 중간에 태우기 위해 멈추는 일은 없으니까, 조심해서 타도록 해야 합니다. 빠르진 않지만, 움직이는 걸 잡아서 탄다는 건 참 스릴 있고 두근거린답니다.

점점 높이 올라가고 있어요. 곧 최고로 높은 곳에 도달할 것 같네요. 그럼 우리는 딱 절반을 탄 셈이네요. 바로 아래쪽에서는 다른 사람들이 이제 막 타려고 합니다. 우리와 이제 막 대관람차를 타는 사람들 사이에는 대관람차의 중심부가 있답니다.

대관람차

오! 여기 대관람차에서도 대칭을 찾을 수 있네요. 물론, 우리가 앞서 배운 선대칭도형도 되지만, 대관람차의 중심부라는 점 하나에 대해서 대칭이기도 해요. 그럼 이걸 점대칭도형이라고 하면 되겠네요. 이렇게 한 점을 중심으로 180° 돌렸을 때, 처음 도형과 완전히 겹쳐지는 도형을 점대칭도형이라고 합니다. 다음 페이지의 평행사변형을 180°돌리면 다시 본래의 그림이 되죠? 이런 도형이 바로 점대칭도형이랍니다. 또 회전을 시킬 때 중심이 되는 점을 찾았나요? 평행사변형에서는 대각선의 교점이 되는 도형의 가장 중심에 있는 부분이 되겠죠? 이렇게 점대칭도형에서 대응되는 점우리와 이제 막 관람차를 타려는 사람과 같은끼리 이어서 만든 선분들이 만나는 점을 대칭의 중심이라고 합니다.

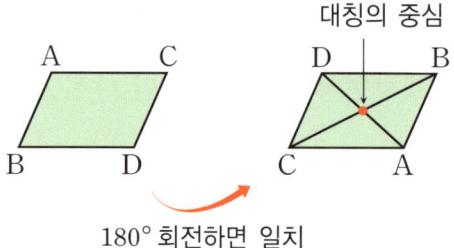

점대칭도형에 대해서 더 알아봅시다. 선대칭도형과 많이 비슷하답니다. 점대칭도형도 선대칭도형과 마찬가지로 대응각의 크기, 대응변의 길이가 같습니다. 또 대응점은 대칭의 중심에서 같은 거리에 있고 방향이 반대인데, 다시 말하면 대응점끼리 이은 선분은 대칭의 중심에 의해서 이등분됩니다. 즉, 대칭의 중심은 대칭인 두 점의 중점입니다.

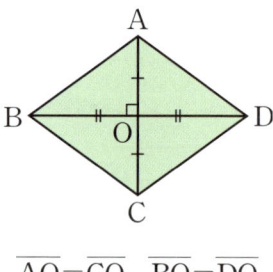

$$\overline{AO}=\overline{CO}, \ \overline{BO}=\overline{DO}$$

한 도형에서 대칭의 중심이 있기도 하지만, 두 도형이 대칭의 중심이 되는 한 점을 가지면서 점대칭이 되는 경우도 생각해 볼 수 있겠죠? 이런 두 도형을 점대칭의 위치에 있다라고 합니다.

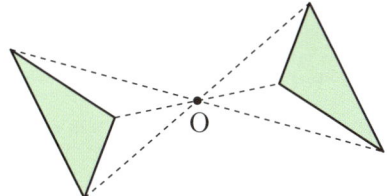

위 그림에서 볼 수 있듯이, 한쪽 도형을 대칭의 중심이 되는 점을 중심으로 180° 회전을 하면 정확히 일치시킬 수 있습니다. 그럼 점대칭 위치에 있는 도형을 직접 그려 볼까요? 순서대로 차근차근 그려 봅시다.

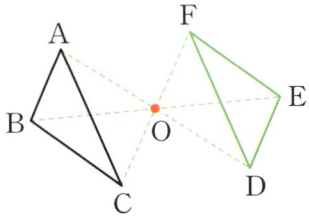

먼저 점 A에서 대칭의 중심 O를 지나는 직선을 긋되, 선분 OA와 선분 OD의 길이가 같도록 하는 점 D를 직선 OA의 연장선에 잡아요. 중심 O가 A와 D의 중간에 있어야 합니다.

같은 방법으로 다른 점들도 하나씩 찍도록 하세요.

그런 다음, 대응변에 해당하는 선분이 만들어지도록 점을 연결하면 점대칭도형이 완성됩니다.

간단하게 점대칭도형을 완성할 수 있겠죠? 그럼 점대칭도형이 되도록 다음 그림을 완성해 보겠어요? 정답은 세 번째 수업 정리 끝 부분에 있답니다.

쏙쏙 문제 풀기

점대칭도형 그리기

쏙쏙 문제 풀기

점대칭의 위치에 있는 도형 그리기

점대칭은 회전목마에서도 마찬가지로 관찰할 수 있어요. 단 회전목마는 자꾸 목마가 위아래로 움직이긴 하는군요. 또 자꾸 회전을 하고 있긴 하네요.

참, 팰린드롬이란 이름도 예사롭진 않군요. 팰린드롬이라면 앞뒤 어느 쪽에서 읽어도 같은 말인 회문回文이라는 뜻이잖아요. 예를 들어, '다 간다. 이 일요일이 다 간다.'처럼 말이죠. 이 회문도 결국 가운데 글자가 대칭의 중심이 되는 점대칭인 거라고 말할 수 있죠.

"네, 맞아요. 어머니가 태몽을 꿨는데, 무슨 게임을 하게 되셨대요. 꿀벌을 먼저 찾는 사람이 이기는 게임인데, 한참을 가다 보니까 드디어 벌을 발견하고는 하신 말씀이 있는데, 그 말이 기억에 남아서 제 이름을 지었다고 하시네요."

어떤 말씀을 하신 건데요?

"Now I see bees, I won."

하하하, 바로 회문을 말씀하셨군요. 여기에선 'b'가 대칭의 중심이 되겠네요. 멋진 문장이고, 멋진 이름인걸요! 이렇게 도형뿐만 아니라 우리가 쓰는 문장에서도 점대칭을 찾을 수 있습니다.

재미있는 회문

각각의 문장에서 대칭의 중심이 되는 알파벳이나 글자를 찾아보세요!

Madam, I'm Adam. 부인, 저 애덤이에요.
Never odd or even. 홀도 짝도 아니다.
No devil lived on. 악마가 산 적 없음.
Was it a cat I saw? 내가 본 게 고양이야?
Was it a car or a cat I saw? 내가 본 게 자동차야, 고양이야?
Fall leaves after leaves fall. 낙엽이 지면 가을도 간다.

― 낱말 단위의 회문

다리 저리다.
다들 잠들다.
다했냐? 했다.
다 이심전심이다.
여보, 마이클 이마 보여.
여보게, 저기 저게 보여?
야, 이 달은 밝은 달이야.
나갔다 오나? 나오다 갔나?
다리 그리고 저고리 그리다.
다 큰 도라지일지라도 큰다.
다 간다. 이 일요일이 다 간다.
다시 올 이월이 윤이월이올시다.
사전 사! 영한사전 사! 영영사전 사! 한영사전 사!

알고 보면, 점대칭은 가장 안정적인 형태를 갖추게 하죠. 그러다보니 그림에서도 이런 대칭을 이용하는 예술가들이 간혹 있답니다. 에스허르의 〈물고기와 비늘〉이라는 작품을 찾아서 살펴봅시다. 가운데 점을 찍으면, 점대칭의 형태가 보이나요? 몇 개의 선은 정확하게 말하자면 점대칭은 아니죠. 하지만 큰 윤곽으로 본다면 점대칭의 형태가 눈에 들어온답니다. 자꾸 보

케일리의 세 번째 수업

고 있자니, 물고기가 괜시리 움직이는 듯 느껴지네요.

'에스허르❷'의 <그리는 손>도 마찬가지로 정확한 점대칭이라고 하지는 못하지만, 점대칭의 흐름을 적용하고 있으면서, 굉장히 역설적인 느낌의 순환적인 그림이라고 할 수 있죠.

이런 판화나 그림뿐만 아니라, 타이포그래피❸에도 점대칭을 찾을 수 있답니다. 스코트 김은 마틴 가드너의 이름을 존경의 의미로 타이포그래피로 제작했는데, 중간의 점을 찍어 대칭의 중심을 잡으면 정말 멋있는 점대칭이 보입니다.

> **메모장**
> ❷ **에스허르** Maurits Cornelis Eshcer 네덜란드 그래픽 아티스트. <수학적 화상>이라고 하는 독특한 세계인 공간과 평면의 마술적 구조를 목판화와 석판화로 제작. 공간 착시와 불가능한 장면의 사실적 묘사, 정다면체를 소재로 한 작품 등이 있으며, 수학적 개념이 핵심적 역할을 함. 평면의 규칙적인 분할을 바탕으로 한 무한한 공간, 공간 속의 원과 회전체 등이 작품의 중심이 됨.

> **메모장**
> ❸ **타이포그래피** typography 본래 활자 글자를 사용한 인쇄술을 뜻하는 말이었으나, 근래에는 활자를 이용한 디자인이란 의미로 많이 쓰임.

이렇게 생활 속에서 점대칭을 찾을 수도 있지만, 때로는 만들기도 한답니다. 어떤가요? 여러분은 규칙적이어서 안정적이고 편안하고 아름답다고 느끼나요, 아니면 너무 규칙적이어서 답답하게 느끼나요?

수업 정리

❶ 점대칭도형과 점대칭의 위치에 있는 도형의 성질

(1) 대응각, 대응변의 크기는 같습니다.

(2) 대응점끼리 이은 선분은 대칭의 중심에 의해서 이등분됩니다.

(3) 대응점은 대칭의 중심에서 같은 거리에 있고 방향이 반대입니다.

[정답]

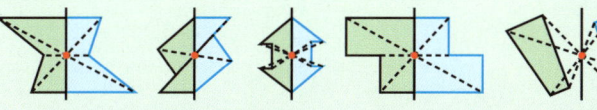

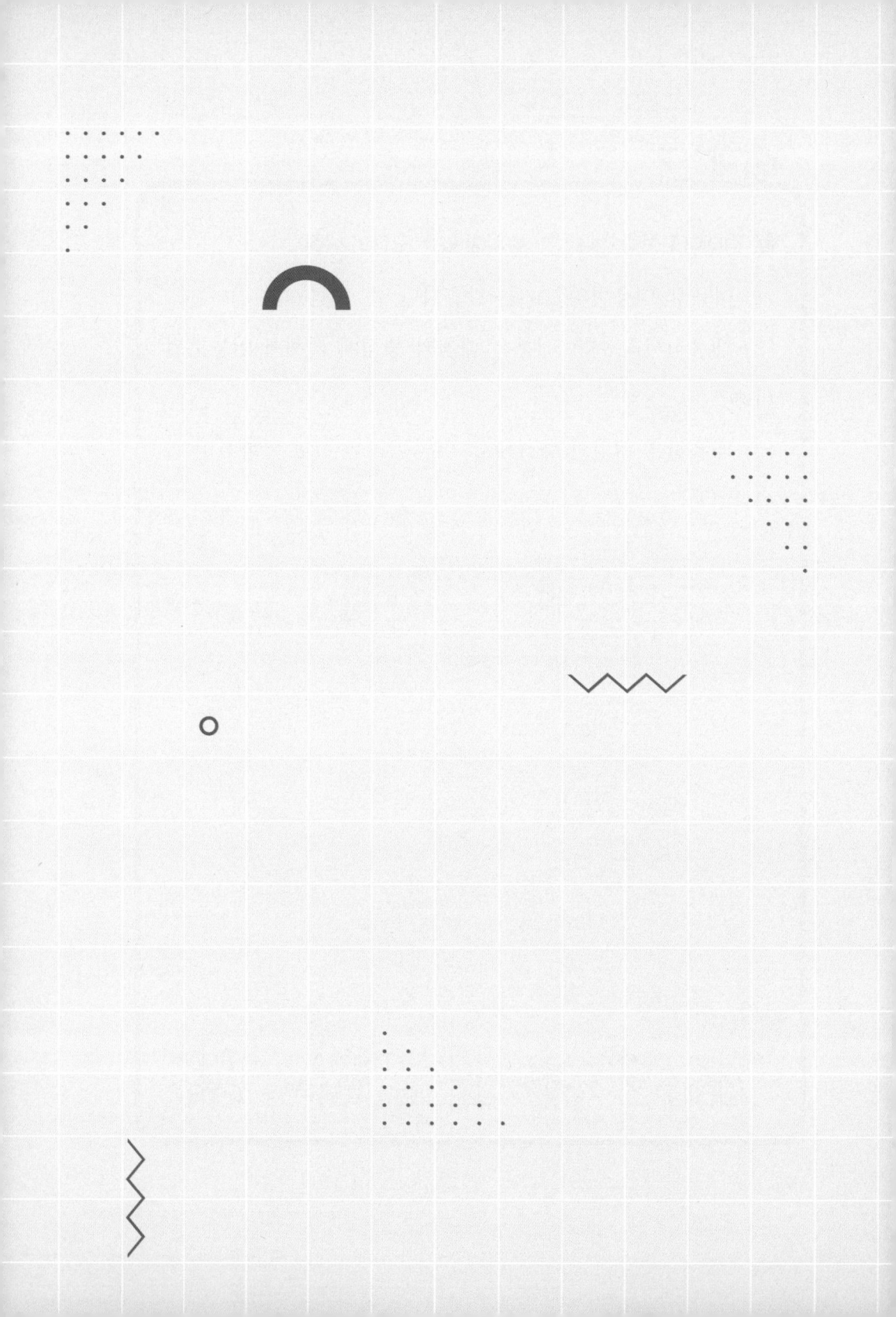

4교시

좌표에서 한 점에 대칭인 도형

좌표에서 직선이 아닌 한 점에 대칭인 도형에 대해 알아봅시다.

수업 목표

1. 좌표에서 원점, 임의의 점에 대한 점대칭의 개념을 적용시킬 수 있습니다.
2. 좌표평면에서 점대칭인 도형의 방정식을 구할 수 있습니다.

미리 알면 좋아요

원점 대칭 좌표평면에서 점이나 도형 등이 원점을 대칭점으로 하여 점대칭의 위치에 있을 때, 이를 원점 대칭이라고 합니다.

케일리의 네 번째 수업

"선생님, 그럼 점대칭도 좌표에서 생각해 볼 수 있나요?"

팰린드롬은 이제 앞선 질문을 하는군요. 이렇게 질문을 하고, 배운 걸 토대로 기존의 것에 적용하려는 노력은 소중한 태도랍니다. 새로운 것과 기존의 것을 '연결'시키는 사고방식은 항상 우리의 뇌를 즐겁게 하죠.

우리가 선대칭을 좌표에서 생각해 봤던 것처럼, 이제 점대칭도 좌표에서 어떻게 나타나는지 살펴보기로 합시다.

우선, 원점 O에 대한 대칭을 생각해 볼까요?

점 P(5, 3)을 원점 대칭시켜 봅시다. 점 P에서 x축으로 내린 수선의 발을 P′이라고 하고, 대칭점을 Q, Q에서 x축으로 내린 수선의 발을 Q′이라고 둡니다. 대응점은 대칭의 중심에서 같은 거리에 있고 방향이 반대입니다. 따라서 삼각형 OPP′과 삼각형 OQQ′은 합동이 됩니다. 그러므로 대칭점인 점 Q는 $(-5, -3)$임을 알 수 있습니다.

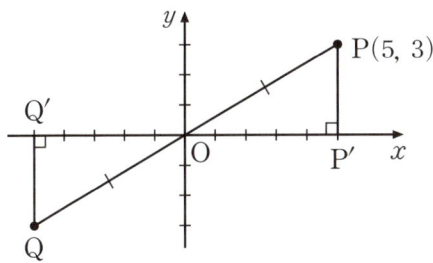

눈치챘나요? 좌표에서 원점을 대칭의 중심으로 하는 점대칭은 정말 간단하답니다. 어떤 위치에 있든 상관없이 x, y 좌표 모두 부호만 바꿔 주면 되니까요. 만약 (a, b)라는 좌표가 있다면, 이를 원점 대칭시킨 점은 $(-a, -b)$라고 하면 된답니다. 원점 대칭은 좌표에서 점대칭을 굉장히 간단하게 만들어 주는 역할을 하지요.

만약 $(-1, 2)$를 $(1, 1)$에 점대칭하면 어떻게 될까요? 원점 대칭이 아니라서 조금 당황스럽나요? 점대칭은 결국 대칭의 중심이 되는 점이, 대칭하기 전의 점과 대칭한 후의 점을 잇는 선분의 중점❹이 됩니다. 즉, 대칭 전후의 두 점의 중점을 구하면, 그 점이 바로 대칭점이 되어야 합니다. 자, 그럼 점대칭한 점을 (m, n)이라고 두고 식을 구해 볼까요? $(-1, 2)$와 (m, n)의 중점은

> 메모장
> ❹ 중점 좌표평면에서 두 점 (x_1, y_1), (x_2, y_2)의 중점은 $\left(\dfrac{x_1+x_2}{2}, \dfrac{y_1+y_2}{2}\right)$이다.

$\left(\dfrac{-1+m}{2}, \dfrac{2+n}{2}\right)$이 되고, 이 점이 바로 대칭의 중심인 $(1,1)$이 되어야 합니다.

$\dfrac{-1+m}{2}=1$에서 $m=3$이 되고, $\dfrac{2+n}{2}=1$에서 $n=0$이 됨을 알 수 있습니다.

따라서 $(m,n)=(3,0)$이라고 구할 수 있겠네요.

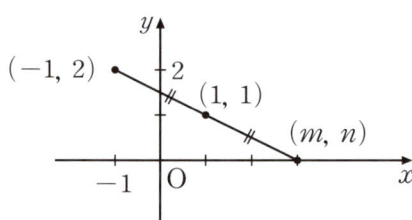

이처럼, 수학에서는 구하고 싶은 결과를 미리 알고 있다는 가정하에 문자로 놓고 식을 세워서 풀어내는 경우가 많답니다. 그래서 문자를 이용해서 방정식도 세우고, 부등식도 세워서 문제를 해결해 나가는데, 복잡한 상황일수록 상당히 유용한 방법이라는 것을 기억하세요.

그럼 좀 더 일반적으로도 생각해 봅시다. 대칭의 중심이 (a,b)일 때, 점 (p,q)[5]에 대응하는 대응점을 (p', q')이라고 하면, 마찬가지로 점 (p', q')은 점

메모장

[5] (p,q)를 (a,b)에 대칭이동한 점은 $(2a-p, 2b-q)$.

(p, q)와 대칭의 중심에서 같은 거리이면서 반대 방향이 됩니다. 즉, 이를 계산의 편의성을 고려한 방식으로 해석하면, 두 대응점의 중점이 대칭의 중심인 (a, b)가 됩니다. 따라서 $\frac{p+p'}{2}=a$, $\frac{q+q'}{2}=b$를 만족하는 (p', q')를 찾으면, $(p', q')=(2a-p, 2b-q)$임을 끌어낼 수 있어요. 생각보다 계산이 훨씬 수월하죠?

아무래도 원점 대칭이 계산도 편하다는 생각이 들죠? 왜냐하면 원점 대칭은 부호만 바꾸는 간단한 계산만 하면 되니까요. 원점 대칭의 간편함을 이용하고, 다음 시간에 배우는 평행이동을 활용하면 원점이 아닌 다른 점에 대한 점대칭도 간단하게 생각해 볼 수 있어요. 물론 점대칭은 편할지 몰라도 평행이동을 해야 하는 불편함도 있긴 하지만요. 만약 평행이동을 조금 알고 있다면, 다음 설명처럼도 생각해 보세요. 그리고 평행이동이 익숙치 않다면, 평행이동 내용을 좀 더 공부한 후에 다시 생각해 보도록 하세요.

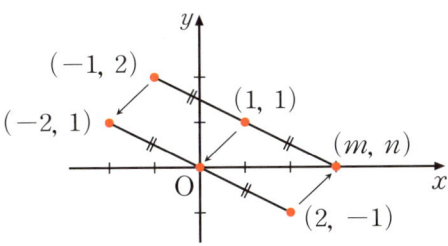

우선 대칭의 중심이 원점이 아니라 (1, 1)이니까, 이 점을 원점으로 잠시 데리고 오도록 해요. 그럼 (−1, 2)도 마찬가지로 함께 와야겠죠? (1, 1)이 원점 (0, 0)으로 와야 하니까, x값도 y값도 모두 1만큼씩 작아졌죠? 그렇다면 (−1, 2) 역시 동일하게 작아져야 해요. 따라서 (−2, 1)이 되지요. 이제 대칭의 중심이 원점이 됐어요. 따라서 (−2, 1)을 원점 대칭시키면 (2, −1)이라고 간단히 점대칭될 수 있답니다. 그런데 우리는 점을 모두 이동시킨 상태죠? x, y값 모두 1만큼씩 작게 했으니까, 다시 되돌아가려면 1만큼씩 크게 해야 됩니다. 그러면 (2, −1)은 (3, 0)이 된다는 걸 알 수 있어요. 그러면 (−1, 2)가 (1, 1)

에 점대칭된 점 $(3, 0)$을 구할 수 있답니다. 어떻게 생각하느냐에 따라 한 가지 방법이 아니라 다른 방식으로도 구할 수 있다는 것은, 점대칭에서만 가능한 건 아니에요. 수학이 가지고 있는 큰 매력이죠. 자신이 편하고, 잘할 수 있는 것이 무엇인지를 파악하면, 꼭 남들이 하는 방식이 아니라도 문제를 해결할 수 있는 멋진 방법을 찾을 수 있다는 걸 명심하세요!

점을 대칭한 것과 마찬가지로 각각의 점이 모여서 만든 직선, 곡선 등도 점대칭의 성질을 이용하면 점대칭도형의 방정식을 확인할 수 있어요. $y=f(x)$로 나타나는 도형의 방정식을 가정해 봅시다. $f(x)$가 점 (a, b)에 대해서 대칭이라고 합시다.

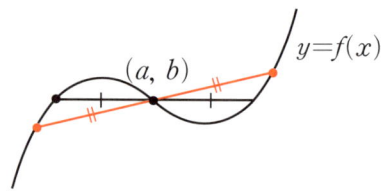

만약 모든 x가 점 (a, b)에 대한 점대칭이라면, $(a+x, f(a+x))$와 $(a-x, f(a-x))$는 대응점이 되어야 합니다. 따라서 $(a+x, f(a+x))$와 $(a-x, f(a-x))$의 중점이 곧 점 (a, b)가

되어야 하므로, y값들의 중점이 b가 되어야 함을 의미합니다. 즉, $f(a+x)+f(a-x)=2b$임을 알 수 있죠. 즉, 모든 x에 대해 $f(a+x)+f(a-x)=2b$를 만족하는지 여부에 따라 곧 점 대칭이 되는지를 알 수 있답니다.

예를 들어, $f(x)=x(x-1)(x-2)+2$라고 하는 함수❻를 생각해 봅시다.

임의의 값 x에 대해 $f(1+x)+f(1-x)$를 계산해 보면 다음과 같습니다.

> **메모장**
>
> ❻ 함수 두 변화하는 값의 대응관계를 나타내는 말로, 두 집합 X, Y에 대해 X의 한 원소 x에 대해 Y의 원소 y가 꼭 하나 대응할 때, X에서 Y로의 함수라고 함.

$$f(1+x)+f(1-x)$$
$$=(1+x)(1+x-1)(1+x-2)+2+(1-x)(1-x-1)(1-x-2)+2$$
$$=(x+1)x(x-1)+2-(x-1)x(x+1)+2=4$$

그러므로 $f(1+x)+f(1-x)=4=2\times 2$가 됨을 알 수 있습니다. 따라서 $f(x)$는 점 $(1,2)$에 대해 대칭인 그래프가 됩니다.

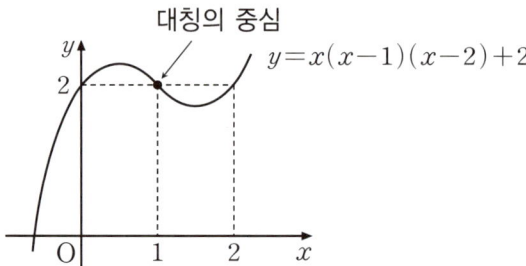

일반적으로 삼차 함수의 그래프는 변곡점❼이 대칭의 중심이 되는 점대칭 함수입니다. 변곡점을 좀 더 쉽게 찾아낼 수 있는 방법이 있긴 하지만, '미분'의 내용도 알아야 하니까, 우리는 이 정도까지만 알아 두기로 해요.

메모장

❼ **변곡점** 곡선의 오목과 볼록이 바뀌는 점.

수업 정리

❶ 좌표에서 (p, q)를 원점 대칭시키면 $(-p, -q)$가 됩니다. 즉, 두 부호를 모두 바꾸면 됩니다.

❷ 좌표에서 어떤 점 (a, b)에 대해 대칭을 생각할 때는, 대칭 전의 점과 대칭 후의 점의 중점이 바로 점 (a, b)가 된다는 점을 기억합니다.

❸ (p, q)를 점 (a, b)에 대칭이동시킨 점은 $(2a-p, 2b-q)$입니다.

❹ 모든 x에 대해 $f(a+x)+f(a-x)=2b$를 만족하면, $y=f(x)$는 점 (a, b)를 대칭점으로 하는 점대칭도형입니다.

5교시

평행이동

평행이동의 의미를 이해하고
점, 도형 등을 평행이동해 봅시다.

수업 목표

1. 평행이동의 의미를 이해합니다.
2. 좌표평면에서 점, 도형 등을 평행이동할 수 있습니다.

미리 알면 좋아요

평행이동 점이나 도형 등이 모양은 바뀌지 않고, 기준이 되는 방향에 평행하게 위치만 바뀌는 이동을 말합니다.

케일리의 다섯 번째 수업

그러고 보니 놀이동산의 꽃, 특급 열차를 우리가 잊고 있었어요. 놀이동산에 왔는데, 설마 특급 열차를 빼놓고 그냥 가 버리는 건 아니겠죠?

"선생님, 저 드릴 말씀이 있는데요……. 그런데…… 특급 열차를 꼭 타야 하나요?"

팰린드롬이 겁에 잔뜩 질린 얼굴로 우물쭈물 물어보네요. 하하하. 많이 무서운 모양이네요. 설마 꼭 타라고 하겠어요? 타고 싶지 않으면 안 타도 되는 거죠. 사람은 누구나 같을 필요는 없어요. 매운 음식을 잘 먹고 좋아하는 사람이 있는 반면, 살짝이라도 매운 음식은 절대로 못 먹겠다는 사람이 있듯이, 서로의 다른 점은 존중해 줘야지요. 나쁘거나 부족한 게 아니라 '서로 다른 것'이니까요.

팰린드롬, 그럼 다른 친구들이 특급 열차를 타는 동안 사진은 찍어 줄 수 있겠죠?

"당연하죠! 표정 하나하나 놓치지 않고 사진 잘 찍을 수 있어요. 저한테 맡겨 주세요."

이제야 팰린드롬의 표정이 풀립니다.

역시나 특급 열차는 멀리서도 보일 뿐만 아니라, 사람들의 비명 소리로 시선이 저절로 가는군요. 바로 앞에 특급 열차가 보이네요. 그런데 워낙 특급 열차 레일이 커서 그런지 바로 앞에 보이지만, 어디로 가야 할지 모르겠어요. 이럴 땐 물어보고 가는 게 제일 빠르겠죠?

"저, 실례합니다. 특급 열차 타려면 어디로 가야 할까요?"

"특급 열차요? 아, 여기에서 길을 따라 동쪽으로 두 블록, 거기에서 다시 북쪽으로 세 블록 가면 된답니다."

"찾아가기 쉽네요. 정말 고맙습니다. 좋은 시간 되세요."

역시 가까운 데 있긴 하네요. 팰린드롬, 왜 웃니? 길 물어보고 답하는 게 재미있어?

"히히히. 선생님, 우리가 파리가 된 것 같아요. 마치 데카르트 선생님이 천장에 붙은 파리의 위치를 왼쪽으로 얼마만큼, 위로 얼마만큼 했던 것처럼 우리가 지금 있는 자리에서 동쪽으로 두 블록, 북쪽으로 세 블록, 이렇게 가야 하니까요."

오! 좋은 발견이네요. 우린 여기에서 '평행이동'이란 걸 하는 겁니다. 고정된 위치가 아니라, 지금은 '위치'가 바뀌고 있죠. 지금은 이 자리에 있고, 오른쪽으로 2만큼, 위로 3만큼 이동하게 되는데, 동서남북을 기준으로 그 방향을 따라 '평행'하게 움직이고 있어요. 우리는 이동하고 있으니까, '평행이동'이라고 하면 좋겠죠.

좌표에서 생각하면 훨씬 이해하기 쉬워진답니다. 예를 들어, 우리가 좌표평면에서 (1, 2)에 위치하고 있다고 생각해 봐요. 그 자리에서 x축 방향으로 동쪽으로 2만큼, y축 방향으로 북쪽으로 3만큼 이동하면 어떻게 될까요? 원래 x좌표가 1이었으니까 2를 더한 3의 자리에 가고, y좌표 2에서 3만큼 위로 가니까 5가 되겠죠. 즉, (3, 5)의 위치에 가 있겠네요.

물론 동쪽이나 북쪽이 아니라, 서쪽이나 남쪽으로도 이동이 가능하겠죠. 만약 (1, 2)에서 서쪽으로 3만큼, 남쪽으로 4만큼 간다면 어떻게 될까요? 좌표에서 서쪽 방향은 x좌표의 음의 방향이 되겠죠. 따라서 $1-3=-2$가 되고, y좌표도 마찬가지로 $2-4=-2$가 됩니다. 즉, (1, 2)에서 x축의 음의 방향으로 3만큼, y축의 음의 방향으로 4만큼 이동하면, $(-2, -2)$의 위치로 이동하는 셈이에요.

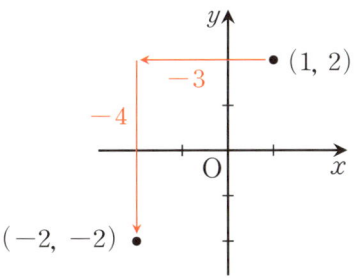

좀 더 일반화시켜 볼까요? (x, y)를 x축 방향으로 m만큼, y축 방향으로 n만큼 평행이동시켜 봅시다.❽ m, n이 양수라면 양의 방향동쪽, 북쪽으로, 음수라면 음의 방향서쪽, 남쪽으로 이동한다고 생각하면 되므로 m, n의 부호에 이미 방향도 들어갔다고 생각하면 됩니다. 따

> **메모장**
>
> ❽ (x, y)를 x축 방향으로 m만큼, y축 방향으로 n만큼 평행이동시키면 $(x+m, y+n)$.

라서 결국 $(x+m, y+n)$으로 된다는 것을 쉽게 알 수 있겠죠.

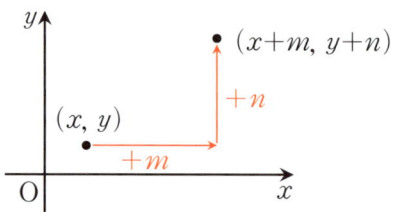

점 하나만 옮기니까 너무 간단하죠. 만약에 어떤 도형을 이동시킨다면 어떨까요? 삼각형이나, 사각형 혹은 원 등의 모양을 평행이동시켜 볼까요? 삼각형은 점이 3개 있죠. 평행이동은 모양은 변하지 않고 위치만 바뀌는 것이라고 했으니까, 우리는 3개의 점만 평행이동시킨 후 점들을 이어서 삼각형을 만들어 내면 된답니다. 아, 이것도 마찬가지로 간단하긴 하군요.

사각형은 4개의 점이겠고, 그럼 원은 어떻게 평행이동시킬까요? 동그랗게 이어져 있어서 점이라고 특별히 찾기는 어렵지 않을까요? 눈치채셨나요! 네, 맞아요. 원에서 가장 중요한 것이 뭐죠? 원의 중심과 반지름이에요. 원을 말할 때 우리는 중심이 어디이고 반지름이 얼마인지를 말하면, 그 원에 대해 모두 말해 준 것과 다름없죠. 그렇다면 원을 평행이동시킬 때도 마찬가지예요. 먼저 하나의 점, 즉 원의 중심을 평행이동시키고, 반지름은 동일하게 원을 그리면 된답니다.

그렇다면 함수는 어떻게 평행이동시키죠? 예를 들어 함수 $y=x^2$을 x축으로 1만큼, y축으로 -2만큼 평행이동시킨다면 어떻게 될까요? 이를 해결하기 위해 우리는 $y=x^2$을 수많은 점 (x, y)의 집합이라고 생각해 봅시다. 그럼 그 수많은 점은 결국 $y=x^2$을 만족하는 순서쌍들이겠죠. 일반화된 (x, y)를 (X, Y)로 하나씩 이동시켜서 X, Y의 관계를 알아보면 우리는 평행이동시킨 함수를 구할 수 있을 거예요.

(x, y) ➡ (X, Y)
$y=x^2$ ➡ X와 Y의 관계식

(x, y)를 x축으로 1만큼, y축으로 -2만큼 평행이동시키면, 앞에서 살펴본 바와 같이 $(x+1, y-2)$가 되고, 이 점이 바로 (X, Y)가 됩니다. 즉, $x+1=$X, $y-2=$Y가 되겠죠. 우리는 X와 Y가 들어간 방정식이 필요해요. 그렇다면, 위의 식을 조금 변형시켜서 $x=$X-1, $y=$Y$+2$로 바꿉시다. 기존의 $y=x^2$의 식에 대입을 할까요? 그럼 다음의 식을 얻을 수 있죠.

$$Y+2=(X-1)^2$$

네, 맞아요. 바로 $Y+2=(X-1)^2$의 식이 $y=x^2$의 식을 평행이동시킨 함수가 된답니다.

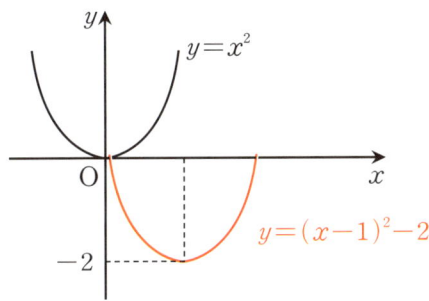

이렇게 도형이나 함수의 식을 평행이동시킬 때는 기존의 식을 만족하는 임의의 점을 (x, y)라고 하고, 이 점을 이동시킨 점을 (X, Y)라고 해서 만들어지는 관계식을 이용하여 X와 Y가 어떤 관련을 맺는지 이끌어 내는지를 관심 있게 보면 된답니다.

결국 어떤 도형 $f(x, y)=0$을 x축으로 m만큼 y축으로 n만큼 평행이동시키면, $x+m=X$, $y+n=Y$이 되므로, $x=X-m$, $y=Y-n$으로 바꿔서 기존의 $f(x, y)=0$의 식에 대입하면 $f(X-m, Y-n)=0$이라고 간단히 구할 수 있습니다. 우리는 이동된 식에서 X, Y를 특별히 구분해서 쓰지 않고, x, y라고 쓰는 경우가 많답니다. 따라서 이동된 식을 $f(x-m, y-n)=0$

이라고도 쓰는데, x자리에 $(x-m)$을, y자리에 $(y-n)$을 대입한 식처럼 보입니다. 마치 부호가 바뀐 듯 보이지만 사실은 X, Y를 바꿔 쓴 모양이라는 점을 기억해 두면 부호가 혼동되지는 않겠죠.

> **Tip** x축으로 m만큼, y축으로 n만큼 평행이동시키기
>
> $f(x,y)=0$ ➡ $f(x-m, y-n)=0$
> $y=f(x)$ ➡ $y-n=f(x-m)$

자, 그럼 우리 정말 특급 열차를 타러 가야겠어요. 우리도 특급 열차가 있는 곳으로 평행이동해 봅시다. 이거 보기보다 가깝다고 생각했는데, 언덕길이라 좀 힘든데요.

"선생님, 우리가 움직이지 않고, 우리가 있는 곳으로 특급 열차가 왔으면 좋겠어요. 흐흐흐."

언덕길을 헐떡이며 올라가면서 살짝 투덜대는 팰린드롬의 말에 다들 웃음이 터졌답니다. 우리는 그 자리에 있고 놀이동산 전체가 평행이동한다는 상상, 이게 가능하다면 축지법이나 순간이동도 가능하겠는걸요. 아쉽지만, 우리는 땀을 뻘뻘 흘리

며 올라갈 수 밖에 없다는 점이 안타깝네요.

　이런 점에서 좌표평면에 있는 점이나 도형은 행복하겠어요. 바로 좌표축이 평행이동하면 되니까요. 부럽다, 부러워!

　만약 y축이 오른쪽으로 1만큼 평행이동했다면, 원래의 점은 x축 방향으로 -1만큼 평행이동한 셈이겠죠? 맞아요. 좌표축을 이동시키는 이 거대한 작업은 사실 아주 단순하답니다. 마치 부호만 반대로 점이나 도형을 평행이동시킨 것과 동일하니까요. 알고 보면, 참 단순하죠.

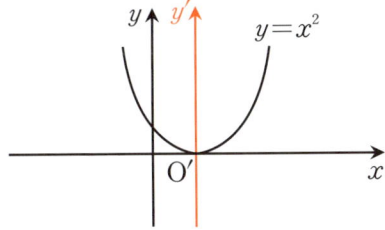

　열심히 올라온 덕분에, 드디어 우리는 특급 열차를 탈 수 있게 됐어요. 이미 먼저 특급 열차를 타고 있는 사람들의 비명 소리로 가슴이 두근거린답니다. 굉장하군요!

수업정리

❶ x축, y축의 방향으로 각각 m, n만큼 평행이동, 즉

$$f:(x,y) \Rightarrow (x+m, y+n)$$

(1) 점 $P(x,y)$ ➡ $P(x+m, y+n)$

(2) 도형 $f(x,y)=0$ ➡ $f(x-m, y-n)=0$

(3) 도형 $y=f(x)$ ➡ $y-n=f(x-m)$

❷ 점 (m, n)을 원점으로 하는 새로운 좌표축을 만들면 원래 좌표 (x, y)와 새롭게 만들어진 좌표 (X, Y) 사이에는 $x=X+m, y=Y+n$의 관계가 있습니다.

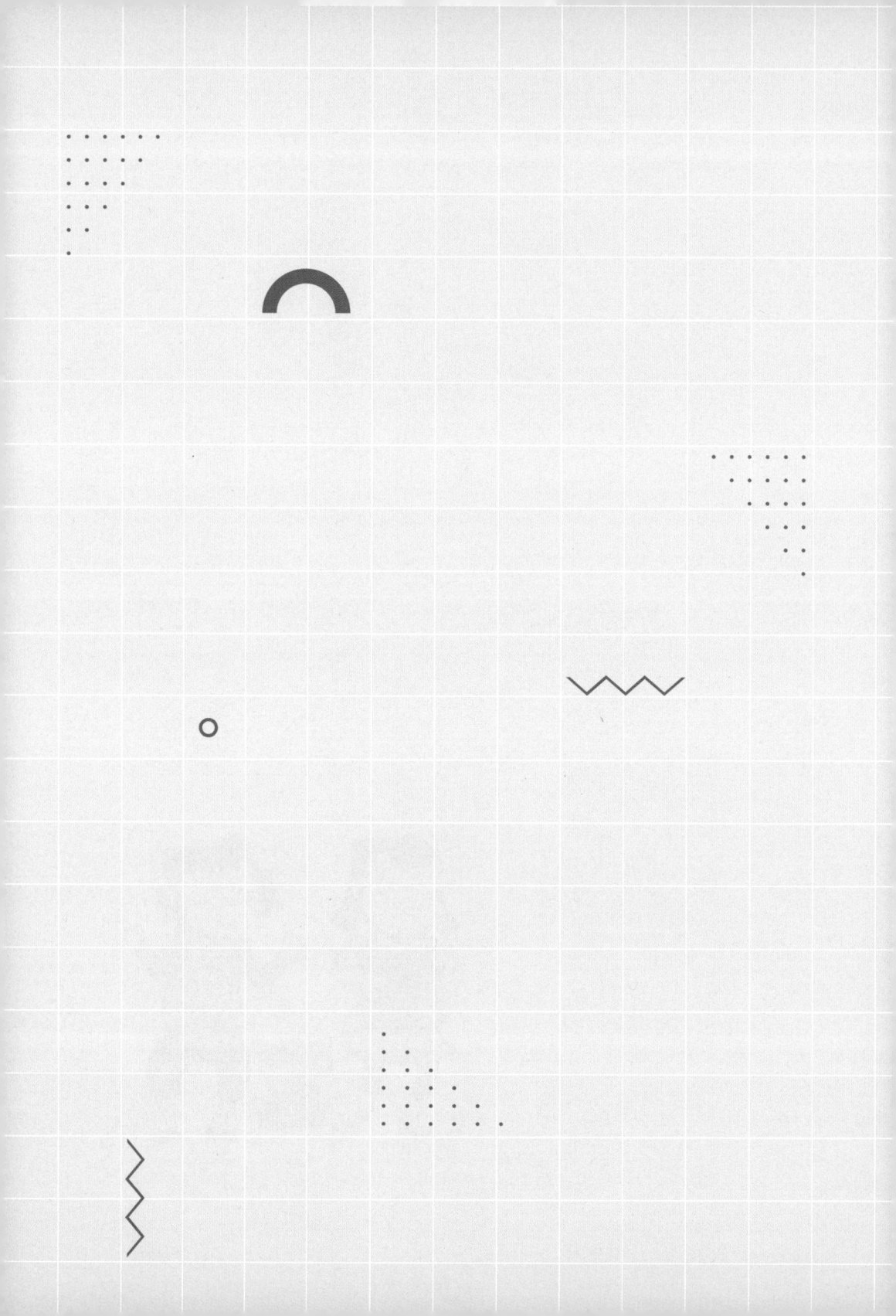

6교시

닮음 이동

닮음 이동의 뜻을 이해하고
도형의 방정식을 닮음 이동해 봅시다.

수업 목표

1. 닮음 이동의 뜻을 이해합니다.
2. 좌표평면에서 도형의 방정식을 닮음 이동시킬 수 있습니다.

미리 알면 좋아요

1. **닮음** 한 도형을 일정한 비율로 확대하거나 축소했을 때 다른 도형과 크기와 모양이 일치합동하면, 이 두 도형을 닮음이라고 합니다.

2. **닮음 이동** 좌표평면에서 한 도형을 한 점원점에 대해 확대하거나 축소해서 닮음인 도형으로 이동시킬 때, 닮음 이동이라고 합니다.

케일리의
여섯 번째 수업

"선생님, 설마 선생님도 특급 열차 타기 무서워서 자꾸 설명이 길어지는 거 아니죠? 무서우면 선생님도 특급 열차 타지 마시고 저랑 같이 사진 찍어요."

팰린드롬, 선생님은 수학을 좋아할 뿐이지 특급 열차가 무서운 건 아니랍니다. 음……. 말은 그렇게 했지만, 이 긴장감은 어쩔 수 없네요. 그래도 중력에 반대 방향으로 있는 걸 경험해 보고 싶다는 생각은, 긴장감을 어느 정도 다스릴 수 있게 해 준답니다. 다른 사람들도 마찬가지인 것 같아요.

"꺄아악, 꺄아악."

확실히 특급 열차는 무섭지만 스릴은 있네요. 팰린드롬이 과연 우리의 놀라는 모습을 잘 찍었을지 상당히 궁금합니다. 특급 열차에서 내려서 후들거리는 다리로 천천히 팰린드롬을 찾아갑니다. 팰린드롬이 사진기를 유심히 살펴보고 있네요. 사진 잘 나왔나요?

"저어, 그게 말이죠……. 사실은 한 장밖에 못 찍었어요. 처음 출발할 때 한 장이요."

응? 왜 너무 빨랐나요? 아, 그래도 아쉬운데요. 그냥 저 레일이라도 찍어 줘도 괜찮은데 말이죠."

"선생님, 지금까지는 이상하거나 신기하다는 생각 없이 사진을 잘 찍었는데, 정말 신기한 생각이 들었어요. 실물하고 똑같은 모양이 사진기 안에 쏙 들어오니까요."

아, 우리의 팰린드롬이 사진을 많이 못 찍고 사진기를 들여다보는 데는 이유가 있었군요. 사진기에 상이 맺히는 것은 렌즈의 굴절이 큰 역할을 하지요. 그리고 이런 렌즈의 곡면과 위치 등에 따라서 우리는 사진기에서 상의 크기도 조절하게 됩니다.

곡면이 가지고 있는 성질은 《아폴로니우스가 들려주는 이차곡선 이야기》에 담겨 있답니다.

지난 시간에 평행이동을 살펴봤는데, 이런 카메라가 가지고 있는 성질에서 우리는 '닮음❾ 이동'을 찾을 수 있어요. 실물과 카메라 렌즈 안으로 보이는 상은 모양은 똑같지만 크기가 다르죠. 마치 축소 복사를 해서 렌즈 안에 담아 놓은 듯해요.

> **메모장**
> ❾ **닮음** 두 도형이 모양은 같지만, 크기가 다를 때 우리는 '닮음'이라고 한다.

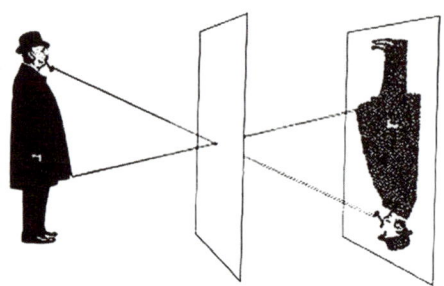

카메라 렌즈를 통과해서 상이 맺히는 그림

메모장

❿ Camera Obscura 암실 상자라는 뜻으로, 사진기의 원형이라고 알려져 있다. 작은 구멍을 통해 외부의 이미지를 역상으로 맺히게 하는 장치를 뜻한다.

　렌즈는 일종의 카메라 오브스쿠라❿Camera Obscura인 셈인데, 렌즈는 외부의 그림을 통과시키는 과정에서 그림을 축소시켜 카메라 안에 역상거꾸로 된 그림이 만들어지게 합니다. 이러한 그림의 축소, 빛의 반사 성질을 이용하여 카메라 안으로 빛과 그림을 모아 우리가 사진을 찍을 수 있게 만들어진 거랍니다.

　모양과 크기가 모두 동일하면 '합동'이라고 하는데, 모양은 같지만 이렇게 크기가 다른 경우는 '닮음'이라고 합니다. 즉, 한 도형을 늘이거나확대 줄이면축소 다른 도형과 크기도 모양도 같은 '합동'이 될 수 있음을 뜻해요. 그러니까 만약 한 도형을 닮음이 되게 확대하거나 축소됐다면, '닮음 이동'이라고 해야겠죠? '평행이동'은 크기와 모양이 모두 같게 이동시킨 거니까 조금 차이가 나지요?

> **쏙쏙 이해하기**
>
> ### '평행이동'과 '닮음 이동'
>
> 평행이동은 크기와 모양이 같게, 닮음 이동은 모양은 같지만 크기가 다르게 이동합니다.

그럼 이제 우린 닮음 이동 또한 좌표평면에서 살펴봐야겠죠? 도형이 어떻게 닮음 이동 되는지, 수식으로는 어떻게 표현되는지도 알아보도록 해요. 우선 삼각형을 1:2로 닮음 이동해 볼게요. 물론 이것과 닮음인 삼각형이 있겠죠. 대응되는 점과 대응되는 변이 모두 일정한 비율을 가져야 합니다. 1:2 닮음비로 확대된다면, 변의 길이도 모두 2배가 되겠죠. 삼각형의 크기가 2배가 될 거예요. 근데 2배 크기로 확대된 삼각형을 어디에 그리죠? 무게 중심이 일치하게 만들 수도 있고, 어느 한 꼭짓점을 일치하게 해서 그릴 수도 있어요. 따라서 닮음 이동을 할 때는 어떤 점을 중심으로 확대 혹은 축소를 하는지가 필요하답니다.

> **Tip 삼각형의 무게 중심**
>
> 삼각형의 내부의 점 중에서 무게가 평형을 이룰 수 있게 하는 점. 각 꼭짓점과 대응변의 중점을 이은 선분들의 교점.

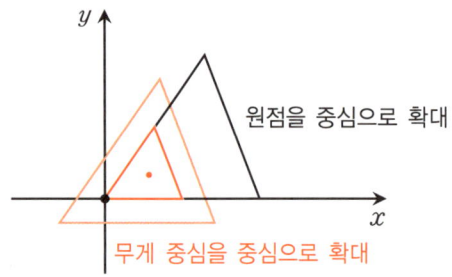

그럼 본격적으로 좌표로 들어가 볼까요? 세 점 O(0, 0), A(2, 0), B(2, 1)을 잇는 삼각형을 그립니다. 이 삼각형을 원점을 중심으로 2배 확대시켜 봅시다. 2배가 된다는 것은, x좌표와 y좌표 모두 2배의 값을 갖는다고 생각하면 됩니다. O(0, 0)은 2배가 되더라도 변함없고, A(2, 0)은 2배가 되어 A′(4, 0)로, B(2, 1)은 B′(4, 2)가 되겠죠. 따라서 A′과 B′ 그리고 O점을 이으면 새로운 삼각형이 생기게 되죠. 이 삼각형 OA′B′이 바로 삼각형 OAB를 2배 확대시킨 그림이에요. 즉, 크기가 2배로 닮음 이동된 셈이에요. 간단하죠?

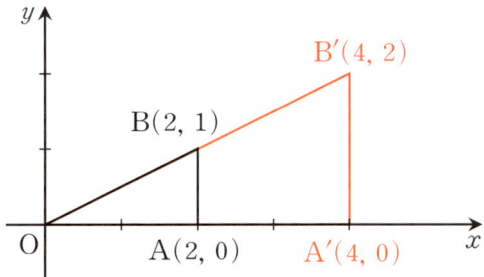

이제 $\frac{1}{2}$배 축소도 해 볼까요? 2배 확대될 때와 동일하게 우선 점들을 축소시키면 됩니다. 물론 x, y좌표들의 값을 $\frac{1}{2}$로 바꾸는 작업입니다. A(2, 0)을 $\frac{1}{2}$로 축소한 A″(1, 0)과 B(2, 1)을 축소한 B″$\left(1, \frac{1}{2}\right)$을 좌표에 표시해 보세요. 삼각형 OA″B″이 바로 삼각형 OAB를 $\frac{1}{2}$배로 닮음 이동시킨 그림이에요.

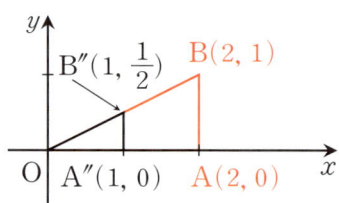

닮음 이동에 의해 도형이 만들어지는 원리는 간단하죠? 우리는 닮음 이동에서 넓이에 관한 성질도 간단하게 확인할 수 있어요. 만약 2배로 닮음 이동이 됐다면, 앞에서 살펴본 삼각형 OA′B′의 넓이는 어떻게 될까요? 원래 처음의 삼각형 OAB의 넓이는 $\frac{1}{2} \times 2 \times 1 = 1$이 되고, 삼각형 OA′B′의 넓이는 $\frac{1}{2} \times 4 \times 2 = 4$가 되죠. 삼각형 OAB와 삼각형 OA′B′의 닮음비[11]는 1:2가 되고, 넓이비[11]는 1:4가 됐네요. 물론 $\frac{1}{2}$배로 닮음 이동된 삼각형은 $\frac{1}{4}$로 넓이가 줄어들게 됩니다.

> **메모장**
> [11] '닮음비'와 '넓이비' 닮음비가 $a:b$이면 넓이비는 $a^2:b^2$, 부피비는 $a^3:b^3$.

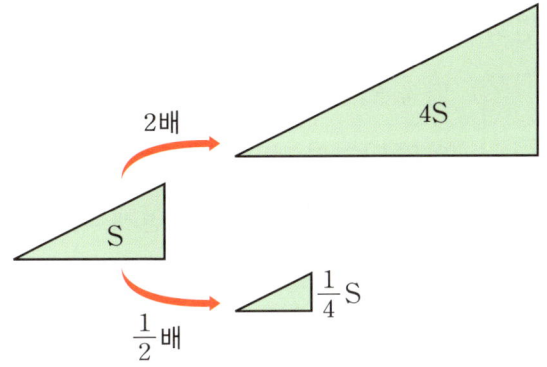

　이제 우리는 삼각형이 아니어도 닮음 이동을 시킬 수 있어요. 함수 $y=x^2$ 위의 임의의 점 (x, y)를 생각해 봐요. 위의 삼각형을 확대·축소한 것처럼 동일하게 적용하면 됩니다. 먼저 2배 확대해 볼까요? (x, y)의 각각의 좌표를 2배 하면 $(2x, 2y)$가 되는데, 이렇게 2배가 된 점을 (X, Y)라고 합시다. 그러면 X=$2x$, Y=$2y$가 되겠죠. 평행이동에서 했던 것처럼 우리는 X, Y의 관계식을 알고 싶은 거니까 $x=\frac{1}{2}$X, $y=\frac{1}{2}$Y를 $y=x^2$의 식에 대입하여 정리하면 된답니다.

(x, y) ➡ (X, Y)

$y=x^2$ ➡ X와 Y의 관계식 : $\frac{1}{2}Y = \left(\frac{1}{2}X\right)^2$

좀 더 일반화된 함수를 생각해 봅시다. $y=f(x)$의 식을 k배 닮음 이동⑫한다면, 마찬가지로 함수 $y=f(x)$ 위의 임의의 점 (x, y)를 각각 k배 해서 얻은 점 $(X, Y)=(kx, ky)$를 얻게 되겠죠. $x=\frac{1}{k}X$, $y=\frac{1}{k}Y$를 원래의 함수식 $y=f(x)$에 대입하면, $\frac{1}{k}Y=f\left(\frac{1}{k}X\right)$가 됩니다.

> **메모장**
>
> ⑫ 함수의 닮음 이동
> $y=f(x)$를 k배 닮음 이동
> ➡ $\frac{1}{k}Y=f\left(\frac{1}{k}X\right)$

확대, 축소라고 하니까 복사기가 생각나네요. 복사기는 있는 그대로의 모양을 똑같이 찍어 내기도 하지만, 때로는 크게 확대도 하고 작게 축소를 하기도 하지요. 모양은 동일하면서 크기만 다르게 말이죠. 닮음 이동을 간단히 시켜 주는 기계인 셈입니다. A4 용지, B4 용지 등 복사용지 크기를 나타내는 말이 있는데, 사실은 이런 복사용지 사이에 닮음의 관계가 들어 있습니다. A4라고 하는 것은 본래의 크기 A0를 네 번 잘랐다는 것을 의미해요. 그래서 한 번 자른 크기는 A1, 두 번 자른 크기는 A2 등이 되겠죠. 설마 그냥 무작정 자른건 아니겠지?'라고 생각했나요? 아닙니다. 여기서는 정확히 절반을 잘라도 항상 가로와 세로의 비율이 일정하게 되게끔 만들었다는 점이 핵심입니다.

가로와 세로의 비율이 동일하다는 것은, 확대나 축소를 했을 때 모양의 변함없이, 즉 닮음 이동할 수 있게 만들어 준다는 뜻입니다. 그래서 종이도 자르기 쉽고 비율도 동일하게 하는 가로와 세로의 비율을 찾았더니, $1:\sqrt{2}$가 탄생하게 됐지요.

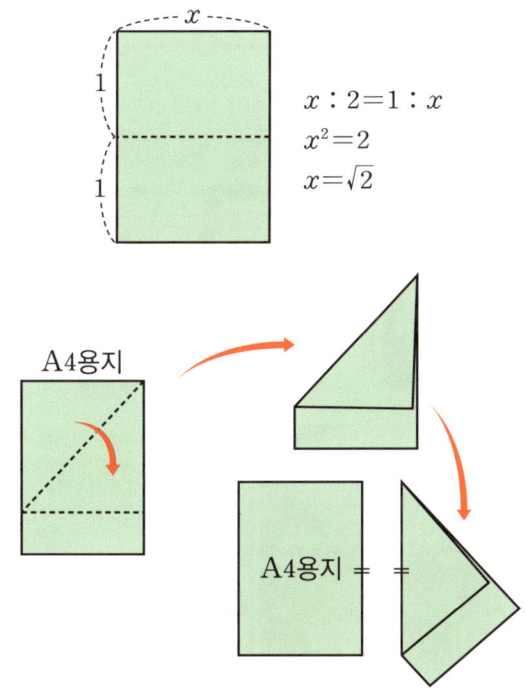

그래서 당연히 A0, A1, A2, A3, A4, …… 등의 용지는 서로 닮음이고, B0, B1, B2, B3, B4, …… 등의 용지도 닮음입니다. 또

A0$_{1189mm \times 841mm}$와 B0$_{1456mm \times 1030mm}$의 용지도 같은 비율로 만들어졌기 때문에 이러한 복사용지들은 서로 확대·축소를 했을 때 비율이 동일하게 유지된답니다. 참으로 편리하면서도 경제적이죠!

팰린드롬 덕분에 닮음 이동에 대해서 공부한 건 고마운데, 아무래도 특급 열차 타는 사진이 한 장밖에 없다는 점은 너무 안

타깝네요.

"선생님, 그럼 한 번 더 타시죠. 제가 이번에는 확실하게 사진 찍어 드릴게요."

연속으로 두 번 탈 만큼의 용기는 나지 않는걸. 이번엔 팰린드롬이 타 보는 건 어때요?

"으악, 사양할래요!"

우리가 특급 열차를 서로 권하는 사이, 멀리서 신나는 음악 소리가 들리면서 점점 가까이 옵니다. 아, 퍼레이드군요. 우리가 사진기의 '닮음 이동'을 살펴보는 동안, 화려하고 신나는 퍼레이드 행렬이 '평행이동'하고 있는 모양입니다.

수업 정리

❶ 점 (x, y)를 k배 닮음 이동시키면 점 (kx, ky)가 됩니다.

❷ 함수 $y=f(x)$를 k배 닮음 이동시키면 $\frac{1}{k}Y=f\left(\frac{1}{k}X\right)$가 됩니다.

❸ 카메라 렌즈, 복사용지 등 우리 생활 곳곳에는 닮음 이동이 숨어 있습니다.

7교시

회전이동

회전이동의 의미를 알고
좌표평면에서의 회전이동을 알아봅니다.

수업 목표

1. 회전이동의 뜻을 이해합니다.
2. 좌표평면에서 회전이동한 점을 구할 수 있습니다.

미리 알면 좋아요

1. **삼각비 $\sin\theta$, $\cos\theta$, $\tan\theta$**  직각삼각형에서 세 변의 길이의 비를 말하는데, 다음 그림에서 $\sin\theta=\dfrac{b}{a}$, $\cos\theta=\dfrac{c}{a}$, $\tan\theta=\dfrac{b}{c}$ 입니다.

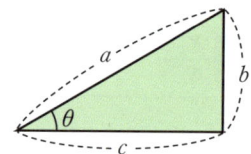

2. **사각형의 성질**
   (1) 평행사변형 : 대각선은 서로를 이등분하고, 이웃하는 각의 합은 180°입니다.
   (2) 직사각형 : 평행사변형의 성질을 만족하고, 두 대각선의 길이가 같습니다.
   (3) 마름모 : 직사각형의 성질을 만족하고, 두 대각선이 수직으로 만납니다.
   (4) 정사각형 : 직사각형, 마름모의 성질을 모두 만족합니다.

3. **회전이동** 평면 위의 임의의 점을 정점定點인 원점을 중심으로 하여 양의 방향으로 양의 각만큼 이동시키는 것입니다.

케일리의
일곱 번째 수업

 역시 퍼레이드는 구경만 하는 게 아니라, 같이 즐기는 건가 봅니다. 춤도 따라 해 보고 가사는 모르지만 음을 흥얼거리니까 기분이 좋아집니다.
 저 멀리 바이킹이 보입니다. 특급 열차와는 또 다른 느낌이 있죠. 특급 열차가 속도감과 스릴이라면, 바이킹은 애매모호한 느낌이랄까. 짧은 시간에 급격한 속도의 변화를 우리의 몸이 느끼기 때문에 우리 뇌의 속도감각과 평형감각이 흐트러지면서,

일종의 무중력 상태를 느낀다고 설명하기도 합니다. 내려올 때 무거운 배와 가벼운 사람이 같이 떨어지기 때문에 중력의 영향을 잠시나마 느끼지 못하기 때문이라고 하는군요. 결국, 우리를 받치고 있는 배의 존재를 느끼지 못해서 불안한 거랍니다.

다른 한편으론 관성의 법칙[13]이라고도 설명합니다. 버스를 타고 가고 있는데 갑자기 급정거를 하게 되면, 앞으로 몸이 쏠리면서 본인의 지와 상관없이 버스 기사 아저씨에 인사하러 급하게 달려 나가게 되죠? 원래 버스 안에 있던 우리 몸이 달리는 버스와 함께 계속 앞으로 나가는 운동을 하려는 성질 때문입니다. 바이킹도 마찬가지예요. 위로 올라가면서 우리의 몸속에 있는 장기도 함께 올라가려는 운동의 성질을 갖게 됩니다. 그런데 갑자기 바이킹이 방향을 바꿔서 내려오게 되면, 위로 올라가려는 장기와 방향을 바꿔서 아래로 내려오려는 우리의 몸이 순간적으로 다른 방향을 갖게 되어 이상한 기분이 들게 된답니다. 이럴 때 구토 증세를 느끼기도 하죠. 만약 이런 기분을 덜 느끼고 싶다면, 바이킹이 올라갈 때 숨을 크게 들이쉬었다가 떨어지려고 하는 순간 잠시 참아도 되고, 아니면 아주 크게 소리를 질러 보세요. 조금

> **메모장**
> [13] **관성의 법칙** 물체가 외부의 힘을 받지 않는 한 정지 또는 운동하는 상태를 계속 유지하려는 성질.

이지만 도움이 될 뿐만 아니라, 기분도 좋아질 겁니다.

그럼 우리 이제 바이킹을 타러 갈까요? 준비되셨죠?

역시나 바이킹은 특급 열차만큼이나 기다리는 사람들의 행렬이 길군요. 이미 바이킹을 타고 있는 사람들은 내려올 때 마음껏 소리 지르고, 이를 구경하며 기다리는 사람들의 눈빛은 마치 감정 이입이 된 사람처럼 반짝반짝 빛나고 있어요. 오랫동안 기다리다 보면 바이킹을 몇 번은 탄 듯한 기분이 들 것 같네요.

바이킹 타는 그림

위로 올라갔다가 다시 제자리로 내려오는 사람들의 움직임을 살펴보자니, 바이킹의 중심을 두고 사람들이 위쪽과 아래쪽을 마치 반복해서 이동하는 느낌이 듭니다. 일반적으로 바이킹은 공중으로 70°의 각도로 시계추처럼 운동을 반복한답니다.

바이킹의 꼭대기에 중심을 두고, 사람들은 결국 '70° 회전해서 이동'한 것이네요. 이런 이동을 회전이동이라고 이름을 붙이면 적당할 것 같아요.

여기서의 '회전'은 중심을 한군데에 두고, 원운동을 하기 때문에 중심에서 회전하는 물체까지의 거리는 항상 같겠죠. 좀 더 구체적으로 살펴볼까요? 우리는 이제 좌표가 편하니까, 좌표에서 한 점을 회전이동시켜 봅시다.

우선, 우리는 직각삼각형에서의 길이의 비를 알고 있으면 편하답니다. 30°, 45 , 60° 등을 흔히 특수각이라고 말하는데, 이는 정삼각형을 반으로 나누어서 생기는 직각삼각형 혹은 직각이등변삼각형의 길이의 비에서 간단히 구할 수 있는 삼각형이기도 합니다.

> **Tip 삼각비** sine, cosine, tangent
>
> 직각삼각형에서 빗변에 대한 대변의 비sine, 빗변과 이웃하는 변의 비cosine, 각의 이웃하는 변과 대변의 비tangent를 말합니다.

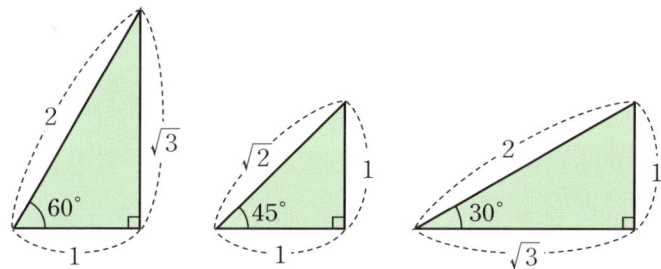

먼저 숫자가 예쁜(숫자가 예쁘거나 착하다의 의미는, 계산이 깔끔하다는 뜻으로 내가 종종 애용한답니다), $(\sqrt{3}, 1)$을 원점을 중심으로 시계 반대 방향으로 회전이동시킨 점을 알아봅시다. 다음 그래프에서 보는 바와 같이 두 직각삼각형이 모두 특수각이죠? 원점까지의 거리가 모두 2이므로, 자연스럽게 $(\sqrt{3}, 1)$을 원점을 중심으로 30° 회전이동한 점은 $(1, \sqrt{3})$임을 알 수 있습니다.

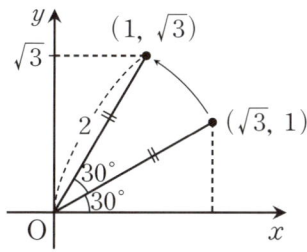

이렇게 특수각들로 이루어져 있다면 다행인데, 항상 그렇지

는 않아요. 오히려 특수각이 아닌 경우가 더 많겠죠? 일반적으로 어떻게 회전이동을 시킬 수 있을지 살펴봐야겠어요. 먼저 한 점 $P(x, y)$를 우리가 가지고 있어요. 점 P를 원점을 중심으로 시계 반대 방향으로 θ만큼 회전이동시킨 P′을 구해 봅시다.

y축 위의 점 $Q(0, y)$와 이를 시계 반대 방향으로 θ만큼 회

전이동한 점을 Q′이라고 해요. 그러면, Q′은 삼각비를 이용하여 나타낼 수 있겠죠? Q′의 x좌표의 크기는 $y\sin\theta$와 같으므로 좌표는 $-y\sin\theta$이고, y좌표는 $y\cos\theta$라고 구할 수 있으므로 Q′$(-y\sin\theta, y\cos\theta)$입니다.

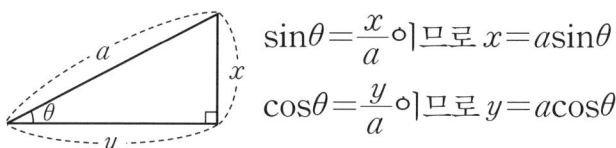

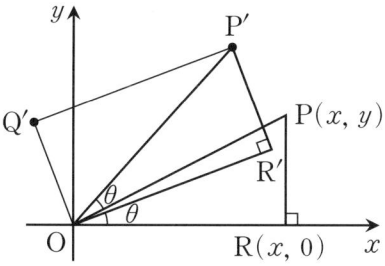

또 같은 방법으로, x축 위의 점 R$(x, 0)$을 시계 반대 방향으로 θ만큼 회전이동한 점을 R′이라고 하면 R′의 x좌표는 $x\cos\theta$이고, y좌표는 $x\sin\theta$이므로 R′$(x\cos\theta, x\sin\theta)$로 구할 수 있어요.

우리가 구하고 싶은 P′과 Q′, R′ 그리고 원점을 연결하면 직사각형을 만들 수 있답니다. 직사각형의 대각선은 서로를 이등분하니까, OP′의 중점과 Q′R′의 중점은 일치하겠죠. 즉, 점 Q′, R′의 중점 M은 다음과 같습니다.

$$\left(\frac{x\cos\theta - y\sin\theta}{2}, \frac{x\sin\theta + y\cos\theta}{2}\right)$$

그러므로 $\left(\dfrac{x'}{2}, \dfrac{y'}{2}\right) = \left(\dfrac{x\cos\theta - y\sin\theta}{2}, \dfrac{x\sin\theta + y\cos\theta}{2}\right)$가 됨을 알 수 있답니다. 따라서 $(x', y') = (x\cos\theta - y\sin\theta, x\sin\theta + y\cos\theta)$를 구할 수 있습니다. 즉, 우리는 회전시키기 전의 좌표와 얼마만큼 회전시킬지의 회전각 θ값을 알고 있으면, 간단하게 공식에 대입해서 회전이동한 점을 구할 수 있겠네요.

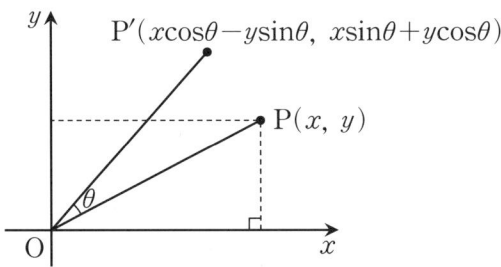

> **Tip** (x, y)를 시계 반대 방향으로 h만큼 회전시킨 점 (x', y') 구하기
>
> $(x', y') = (x\cos\theta - y\sin\theta, x\sin\theta + y\cos\theta)$
>
> [참고] 이를 행렬로 나타내어 표현하기도 합니다.
>
> $\begin{pmatrix} x' \\ y' \end{pmatrix} = \begin{pmatrix} \cos\theta & -\sin\theta \\ \sin\theta & \cos\theta \end{pmatrix} \begin{pmatrix} x \\ y \end{pmatrix}$

 그렇다면, 회전하고 싶은 각 θ가 90°를 넘어버리면 어떻게 하죠? 만약 210°를 회전하고 싶다면, 210°180°30°이므로, 먼저 점을 180°를 회전시키는 원점 대칭이 되겠죠. 그런 다음 30°를 더 회전하세요. 이렇게 각이 커진다면 우리가 아는 각으로 나누어 계산하는 방법이 있겠죠. 물론 삼각비의 각을 좀 더 확장해서 둔각에 대해서도 삼각비를 정의하기도 하는데, 이를 이용하면 각을 나누지 않아도 한 번에 계산할 수 있기도 합니다.

 "선생님, 그런데 우리가 계속 '원점을 중심으로' 원하는 각도만큼 회전이동을 시켰는데, 혹시 원점이 아닌 다른 점을 중심으로 회전시킬 수는 없을까요?"

 역시 우리의 팰린드롬이 좋은 질문을 해 주었어요. 항상 원점을 중심으로 한 회전이 아닐 수도 있겠죠. 만약 (5, 3)을 (2, 1)

을 중심으로 θ만큼 회전하고 싶다면 어떻게 할까요? 원점이 아니니까 좀 복잡해 보이죠? 그런데 우리는 앞에서 평행이동을 공부했어요. 힌트가 될까요? 네, 맞아요. 회전하고 싶은 점과 회전의 중심점을 모두 평행이동시켜서, 회전의 중심이 원점이 되게끔 한 후 회전시키세요. 그렇게 회전시킨 점을 다시 원래의 위치로 보내 주면 된답니다.

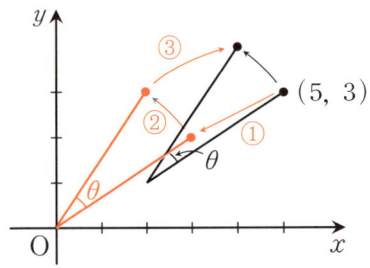

　(2, 1)을 원점으로 평행이동시켜야 하니까, 'x축으로 -2만큼 y축으로 -1만큼' 평행이동을 해야겠죠. 그렇다면, (5, 3) 역시 같은 방식으로 평행이동을 시킵니다. (5, 3)이 평행이동 되어 (3, 2)가 되겠죠. 이 점을 회전시킨 후에 다시 제자리로 평행이동 시키려면 아까와는 반대의 방향으로 이동을 해야겠죠. 즉, 'x축으로 2만큼, y축으로 1만큼' 다시 평행이동시키면 우리는 원점이 아닌 점을 중심으로 회전⑭도 가능한 셈입니다.

> 메모장
>
> ⑭ 원점이 아닌 점을 중심으로 회전시키기 회전의 중심점이 원점으로 가게끔 평행이동시킨 후 회전이동하고, 다시 반대방향으로 평행이동시킨다.

　"선생님, 드디어 우리 차례예요. 벌써부터 떨리는걸요."

　앗, 팰린드롬도 타기로 결심했나요? 팰린드롬은 특급 열차도 안 탔으니 바이킹도 안 탈 거라 생각했는데, 의외인데요.

　"에이, 특급 열차와 바이킹은 무서움의 '종류'가 다른걸요. 게

다가 조금은 무서움을 감소시켜 주는 방법을 가르쳐 주셨잖아요. 숨을 들이쉬고 내려오려는 순간에 잠깐 숨을 참거나 소리 지르면 되는 거죠? 저 이건 도전해 볼래요."

우리가 회전이동에 대해서 살펴보는 동안, 그 길었던 줄이 벌써 짧아져서 우리 차례가 되었군요. 팰린드롬도 이번엔 함께 탄다고 하네요.

생각보다 속 울렁거림이 심하긴 하네요. 물론 무서움과 울렁거림을 떨쳐 버리려고 소리를 맘껏 지르느라 정신이 없었고, 서로가 내지른 소리에 깜짝 놀라고 한편으로 웃음이 터지긴 했지만요.

"으앙, 선생님, 그 방법이 정말 맞긴 맞는 거예요? 왜 저는 효과가 없는 것 같죠?"

하하하, 우리는 바이킹을 다 타고 내려와서도 여전히 다리를 후들거리면서 무서워하는 팰린드롬을 보고 웃고 말았답니다. 무서움이나 구토 증세를 조금 감소해 준다고 했지, 완전히 해결해 준다고는 안 했는데요.

무사히 바이킹도 타고나니 할 일을 잘 끝낸 기분입니다. 아직도 다리에 힘이 풀려서 천천히 구경하면서 걷는 것 이외에 지금은 아무것도 할 수가 없을 것 같군요. 이젠 다른 사람들이 타는 것도 여유롭게 구경하고, 놀이기구와 풍경을 배경으로 사진을 좀 찍어야겠어요. 아까 점대칭을 살펴보면서 지나쳐 갔던 회전목마가 다시 보입니다. 이제 보니, 회전목마는 회전이동을 보여 주기도 하는군요. 이름에서도 말해 주고 있는 거네요. 놀이기구와 주변의 사물에는 지금까지는 몰랐던 수학적 사실과 성질이 숨어 있다는 걸 알겠죠? 때로는 그런 성질들을 이용해서 이름을 붙인다는 것도요.

"선생님, 이젠 주변의 모든 사물이 선대칭, 점대칭, 평행이동, 닮음 이동 그리고 회전이동으로 보일 것 같아요."

팰린드롬이 오늘 좋은 습관을 배운 것 같아요. 수학을 배운다는 건, 수학적 사실을 배우는 것도 있지만, 그보다 사물을 관찰하고 성질을 알아내 규칙을 만들어 내는 등의 습관을 배우는 것과 같아요. '관찰'하는 습관은 많은 걸 바꿀 수 있는 '좋은 힘'이라는 것을 꼭 기억하세요!

수업 정리

❶ 회전이동은 어떤 한 점을 중심으로 시계 반대 방향 또는 시계 방향 등으로 회전을 시키는 도형의 이동입니다.

❷ 점 (x,y)를 시계 반대 방향으로 h만큼 회전시킨 점 (x',y')를 구하면 다음과 같습니다.
$(x',y') = (x\cos\theta - y\sin\theta, \, x\sin\theta + y\cos\theta)$

❸ 90°가 넘는 각만큼 회전을 시킬 때는,
(1) 각이 확장될 때의 삼각비의 특징을 이용해서 회전하거나
(2) 90°, 180° 등을 먼저 간단하게 이동시킨 후 예각만큼 회전시킬 수 있습니다.

❹ 원점이 아니라 다른 점을 중심으로 회전시키고 싶다면, 먼저 평행이동을 이용하여 회전의 중심을 원점에 일치시킨 후 회전이동을 해서, 다시 본래대로 평행이동을 하면 됩니다.

NEW 수학자가 들려주는 수학 이야기 11
케일리가 들려주는 도형의 이동 이야기

ⓒ 전현정, 2008

2판 1쇄 인쇄일 | 2025년 3월 26일
2판 1쇄 발행일 | 2025년 4월 9일

지은이 | 전현정
펴낸이 | 정은영
펴낸곳 | (주)자음과모음

출판등록 | 2001년 11월 28일 제2001-000259호
주소 | 10881 경기도 파주시 회동길 325-20
전화 | 편집부 (02)324-2347, 경영지원부 (02)325-6047
팩스 | 편집부 (02)324-2348, 경영지원부 (02)2648-1311
e-mail | jamoteen@jamobook.com

ISBN 978-89-544-5207-6 44410
       978-89-544-5196-3 (세트)

• 잘못된 책은 교환해 드립니다.